JN042724

学ぶ人は、
変えて
ゆく人だ。

目の前にある問題はもちろん、

人生の問いや、

社会の課題を自ら見つけ、

挑み続けるために、人は学ぶ。

「学び」で、

少しずつ世界は変えてゆける。

いつでも、どこでも、誰でも、

学ぶことができる世の中へ。

旺文社

大学入学
共通テスト

英語リスニング 集中講義 改訂版

河合塾講師
渡辺淳志 著

旺文社

はじめに

　2021年，第1回大学入学共通テストが実施されました。それまでのセンター試験における英語リスニングは配点が50点，解答時間は30分でしたが，共通テスト「英語 リスニング」では試験時間は約30分で変わらないものの，配点が100点と倍増しました。また，センター試験リスニングでは大問が4題，英文の放送回数は全て2回という形式でしたが，共通テスト「英語 リスニング」では大問が6題，放送回数は2回のものと1回のみのものに分かれました。2022年1月に実施された共通テストでもほぼ同様の出題内容でしたので，これらを見る限り，共通テストの方向性が見えてきました。

　本書では，共通テスト「英語 リスニング」について，大問別に問題を解くためのプロセスや意識すべきことを「ステップ」や「着眼点」として整理しています。英文の放送前，放送中，そして放送後にそれぞれどのような確認作業や解答プロセスを踏んでいけばいいのかということを可能な限り丁寧に解説しました。例題→チャレンジテストと演習し，本書を読み進めていくことで正解にたどり着くための「ステップ」が体得され，共通テスト「英語 リスニング」で高得点を取る自信を深めることができるはずです。さらに，各大問の解説後に「高得点獲得への道」というコラムをつけました。

　共通テスト「英語 リスニング」に関して，「どのように対策すればいいかわからない」，「漫然と問題演習をしているだけでリスニングの力が向上しているのだろうか」という悩みを持っている受験生は多いはずです。本書では，解答プロセスを明確化し，ステップごとに分けることで，この悩みに対する解決策を示し，リスニング力向上のための学習方法も紹介しています。

　本書で示した解き方や知識・学習方法は，英検などの語学検定試験や難関私立大学の個別試験にも効果を発揮するはずです。本書を活用して目標を達成できるよう，心から願っています。

渡辺淳志

大学入学共通テスト「英語 リスニング」の特徴

▶「大学入学共通テスト」とは？

　「大学入学共通テスト」(以下「共通テスト」)とは，各大学の個別試験に先立って行われる全国共通の試験です。国公立大学志望者のほぼ全て，また私立大学志望者の多くがこの試験を受験し，大学教育を受けるための基礎的な学習の達成度を判定されます。

▶共通テスト「英語 リスニング」の特徴は？

　センター試験リスニングでは全ての放送回数が2回でした。それに対して，共通テスト「英語 リスニング」は放送回数が従来どおり2回の問題は2題(第1問・第2問)ありますが，残りの4題(第3問～第6問)は放送回数1回のみの問題です。このため，聞き取るべきポイントを聞き逃さないように集中して放送文に臨むことが今まで以上に重要になってきます。

　問題のタイプをあらかじめきちんと知り，その上で，紙面上の英文やイラストなどに目を通すなどの放送前にできる作業をしておき，集中して放送文を聞きましょう。特に，第5問のように講義と資料読解が融合した問題や，第6問Bのように4人もの人物が会話に登場する問題はセンター試験リスニングではなかった問題です。

▶どのように対策すればいい？

　まず，p.9以降にある「リスニング力向上のための音の基礎知識と学習方法」を読んでください。日本語とは異なる英語の音声についての必要最低限の知識を身につけて，英語の音声を聞くことが重要です。その上で本書を読み進め，問題を解く力を身につけましょう。

　リスニング力に不安のある人は，音声を正確に聞き取るトレーニングをしましょう。最初に何も見ずに英語の音声を聞いた後，放送された英文のスクリプトを見ながら再度音声を聞き，聞き逃したり聞き間違っていたりする部分をチェックしていきます。ここで英語の文字情報と音声情報の「ズレ」を確認し，それを修正する作業をします。このような作業をすることで聞き取れなかったり，聞き間違えていたりした英語の音が聞こえるようになってくるはずです。ただ漫然と英語の音声を聞き流しているだけではリスニング能力は向上しません。

本書は，共通テスト「英語 リスニング」の対策に必要な学習を，１冊で完成することを目的としています。

本書の特長

▶ インプットとアウトプットができる２部構成

・「例題」(共通テスト過去問題)を解きながら解法をインプット！
・「チャレンジテスト」(過去問題を分析して作成したオリジナル問題)でアウトプットのトレーニング！

▶ 問題の解き方が身につく

実際の出題に即して，大問ごとに解説をしていますので，問題形式への理解が深まります。また，例題では，大問ごとに「問題の解き方」をわかりやすくまとめています。問題によって解き方が若干異なることもありますが，基本の流れは同じです。

例題を解いて問題の解き方を確認し，チャレンジテストで身につけましょう。

（※第１問Ａ・Ｂ，第２問，第３問「例題」の小問数は本番よりも少なくなっています）

▶ さらなるインプットで得点力アップを目指す

各章末の「高得点獲得への道」というコーナーには，得点力アップに役立つコラムをテーマごとに掲載しています。

▶ 問題を解き終わった後のトレーニング

巻末に，問題で出てきた放送文を再掲しています。音読やディクテーションのトレーニングに活用してください。

本書の構成

▶ 例題／チャレンジテスト

（問題）

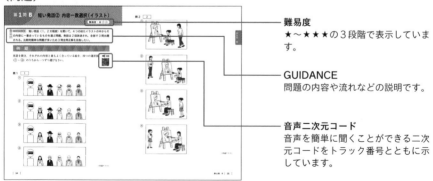

難易度
★～★★★の３段階で表示しています。

GUIDANCE
問題の内容や流れなどの説明です。

音声二次元コード
音声を簡単に聞くことができる二次元コードをトラック番号とともに示しています。

（解答・解説）

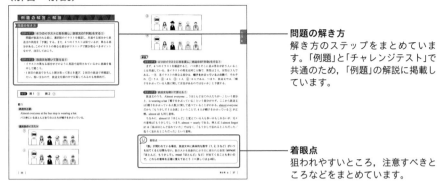

問題の解き方
解き方のステップをまとめています。「例題」と「チャレンジテスト」で共通のため、「例題」の解説に掲載しています。

着眼点
狙われやすいところ、注意すべきところなどをまとめています。

▶ 高得点獲得への道

各章末に、共通テストでの得点力アップに役立つまとめを掲載しています。

▶ 音読・ディクテーショントレーニング

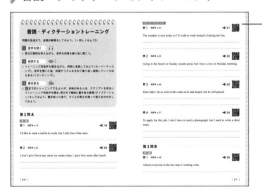

巻末に、トレーニング用の放送文を再掲しています。
ディクテーション用の記入欄も用意しています。

もくじ

第1問A　短い発話① 内容一致選択　　　17

第1問B　短い発話② 内容一致選択（イラスト）　　　33

第2問　短い対話① 質問選択（イラスト）　　　53

第3問　短い対話② 質問選択　　　79

編集協力・問題作成：株式会社 シー・レップス　　本文イラスト：西村亜弓
校正：大磯巌，笠井喜生，株式会社 友人社，　　録音：ユニバ合同会社
　　Jason A. Chau　　　　　　　　　　　　　ナレーター：Ann Slater，Dominic Allen，
装丁デザイン：及川真咲デザイン事務所（内津剛）　　Emma Howard，Simon Loveday，木本景子
本文デザイン：ME TIME（大貫としみ）　　　　編集担当：福里真央

リスニングの問題の音声を無料でご利用いただけます。音声の番号は ◀🔊01 のように二次元コードとともに表示しています。

パソコンで開く方法

① インターネットで以下の専用サイトにアクセス

https://service.obunsha.co.jp/tokuten/syucyukogie/l/

⬇

② 以下のパスワードを入力

パスワード：**ske24**（※全て半角英数字）

⬇

③ 音声ファイルをダウンロードまたはウェブ上でストリーミング再生

> **注意** ●ダウンロードについて：スマートフォンやタブレットでは音声をダウンロードできません。●音声ファイルはMP3形式です。ZIP形式で圧縮されていますので，解凍（展開）して，MP3を再生できるデジタルオーディオプレーヤーなどでご活用ください。解凍（展開）せずに利用されると，ご使用の機器やソフトウェアにファイルが認識されないことがあります。デジタルオーディオプレーヤーなどの機器への音声ファイルの転送方法は，各製品の取り扱い説明書などをご覧ください。●ご使用機器，音声再生ソフトなどに関する技術的なご質問は，ハードメーカーもしくはソフトメーカーにお問い合わせください。●音声を再生する際の通信料にご注意ください。●本サービスは予告なく終了することがあります。

スマートフォン・タブレットで開く方法（アプリ）

① 旺文社公式リスニングアプリ「英語の友」で検索，または，右の二次元コードからアクセスして公式サイトよりアプリをインストール

⬇

② 本書を選び，「追加」ボタンをタップ

> **注意** ●本アプリの機能の一部は有料ですが，本書の音声は無料でお聞きいただけます。●アプリの詳しいご利用方法は「英語の友」公式サイト，あるいはアプリ内のヘルプをご参照ください。●本サービスは予告なく終了することがあります。

リスニング力向上のための音の基礎知識と学習方法

　本編に入る前に，リスニング力を向上させるために必要な音の基礎知識とその学習方法を整理しておこう。まず，英単語レベルでの**英語と日本語の発音の違い**について確認しておく。次にフレーズレベルで起こる**音の変化**である，**連結，同化，脱落，フラッピング**という4種類について説明する。最後にリスニング力を高めるための**学習法**を紹介する。

英単語レベルでの英語と日本語の発音の違い

　英語と日本語は異なる言語なので，日本語と同じ感覚で英語を聞くと，わからなかったり聞き取りにくかったりするかもしれない。この，音を聞き取りにくいと感じてしまう理由を確認しておこう。

■音節

　単語においてひとまとめに発音される音の単位を**音節**という。通常は，母音1つと前後の子音から成る。辞書で単語を調べると，ドット（・）やハイフン（-）で単語が区切られている。これが音節である。

例
old ：1音節
  1

fa-mous ：2音節
  1 2

vol-un-teer ：3音節
  1 2 3

　ここに英語と日本語との大きな差異が存在する。例えば，bike [baɪk] という単語は [aɪ] という二重母音が1つ含まれるだけなので，1音節の単語で，一気に発音する。それに対し，日本語では bike を「バイク」と表記し，1文字ずつ発音する。これをローマ字で書き直すと ba-i-ku となり母音が3つ含まれるので3音節に変わってしまうのだ。「英語はローマ字とは違う」ということをきちんと認識しておこう。

英　語	bike [baɪk]：1音節
日本語	バイク [ba-i-ku]：3音節

また英語のスペルは発音と必ずしも一致していないのに対し、日本語の平仮名、カタカナは表音文字であり、全て発音される。発音されない文字はそもそも記述されない。このようなところにも英語と日本語の差がある。

■音の強弱

日本語の場合は音の高低で語の区別をつけることがある。例えば、「はし」という単語について、「は」を高めに発音すれば「箸」になるし、「は」を低めに発音すれば「端」になる。

これに対して英語では特定の音節を強く発音することが必要になる。例えば、2音節の語 present を考えてみよう。この語の第1音節に強勢を置いて prés-ent [prézənt]（●○）と発音すれば名詞「贈り物／プレゼント」だが、第2音節に強勢を置いて pre-sént [prɪzént]（○●）と発音すれば動詞「～を贈る」になる。英語の場合、強めに発音する音節の位置で品詞や意味が決まる、つまり、強弱によって単語が判別されるので、正しく強弱をつけることが重要になる。

■子音

子音に関しても、日本語と英語は大きく異なる。日本語では「あいうえお」が母音である。それ以外の「かきくけこ、さしすせそ、…」などは、ローマ字で書いてみるとわかるが、「か」は ka（子音 k ＋母音 a)、「に」は ni（子音 n ＋母音 i）のように、音の上では「子音＋母音」のセットになる。

一方、英語は子音単独で発音することができる。例えば、music の c は [k] という声帯を震わせない音（無声音）で、日本語の「く（ku）」とは異なる。また、she の sh は [ʃ]、sea の s は [s] と発音する声帯を震わせない音で、どちらも日本語の「し（si)」ではない。ほかにも [r] と [l] の音は、日本語で表すとラ行になるが、それぞれ異なる発音である。

また、上記の [ʃ] のほか、think の th [θ]、this の th [ð] のような日本語にはない子音もある。それぞれがどのような発音かきちんと確認しておこう。

いくつか例を挙げたが、どれも子音のみの発音で、母音は不要である。このように、日本語のカタカナ表記と実際の英語の発音とは異なることを理解しておく必要がある。

　英語の文やフレーズでは，音がつながったり省略されたりして元の単語の発音から変化することがある。これも英語が聞き取りづらい原因になっている。パターンを確認しておこう。

（1） 連結

　連結とは特定の単語の最後の音とその直後の単語の最初の音がつながって変化する現象を指す（フランス語で**リエゾン**と言うこともある）。次の例を見てみよう。

　　例　I'll be back in a moment.　すぐ戻ってくるね。

　6語で構成されている英文であるが，I'll（アイル），be（ビー），back（バック），in（イン），a（ア），moment（モゥメント）と6つの語が等しくきっちり発音されるわけではない。実際は，次のように下線部がつながった音になる。

　　　I'll be back in a moment.

　下線部が，back の k と in の i，in の n と a の音が連結し，back in a は「バッキンナ」のような音になる。

　連結が見られるのは次のような場合である。

　　連結の例

●**子音＋母音**
　破裂音（t, d, k, g, p, b）＋母音：
　　例　good idea（グッダイディア），talk about（トーカバウト）
　摩擦音（f, v, s, z, sh, th）＋母音：
　　例　live in（リヴィン），brush up（ブラシャップ），with a（ウィザ）
　その他（m, l, r, n など）＋母音：
　　例　come again（カマゲイン），all over（オロヴァー），far away（ファーラウェイ）
　　※ live や come は e で終わっているが，それぞれ [v], [m] という子音で終わっていることに注意。

●**母音＋母音**
　　例：go ahead（ゴウワヘッド），do it（ドゥウィット）
　　※ [w] などの音が入ることに注意。

（2） 同化

同化とは，隣接する音がお互いに作用し，別の音に変化することである。次の例文を見てみよう。

例　I miss_you.　君がいなくて寂しい。

これも I（アイ），miss（ミス），you（ユー）とは発音されず，miss の [s] の音が you の [j] の音に影響されて [ʃ] の音になり，「ミッシュー」のようになることがある。

同化が起きやすいパターンには次のようなものがある。

> **同化の例**
>
> ● **[j] の音の前の子音**
>
> [s] → [ʃ]：miss_you（ミッシュー）
>
> [z] → [ʒ]：as_you know（アジュノー）
>
> [t] → [tʃ]：want_you（ウォンチュー），can't_you（キャンチュー），last_year（ラスチア）
>
> [d] → [dʒ]：did_you（ディジュー），would_you（ウッジュー）
>
> [k] → [kju]：thank_you（サンキュー）
>
> ● **その他**
>
> have_to（ハフタ），has_to（ハスタ）

（3） 脱落

脱落とは英単語1語として発音された場合は聞こえるはずの音が，2語以上のフレーズや文で発音されることで，消えたり，聞こえにくくなったりする現象のことである。次の例文を見てみよう。

例1　Please take_care.　どうぞお大事に。

連結や同化のときと同様，ここでも take（テイク），care（ケア）と1語1語はっきりとは発音されず，「テイッケア」のようになる。同じ子音（ここでは [k] の音）が連続して隣り合う場合，前の子音が脱落するからだ。ここでは take の語尾の [k] の音が脱落している。

例2　I'll make_up for it.　今度埋め合わせするね。

単語の語尾の子音が破裂音のときも脱落が起こることがある。make up for は up の [p] の音が脱落して，「メイクアップフォー」ではなく，「メイカッフォー」のよ

うになる。

　脱落が起きやすいパターンには他に次のようなものがある。下線部が脱落する箇所である。

> **脱落の例**
>
> ●**同じ子音が連続して隣り合う場合**
> 　good day（グッデイ），get tired（ゲッタイアド），feel like（フィーライク）
> ●**語尾の子音が破裂音（t, d, k, g, p, b）**
> 　sit down（スィッダウン），Good bye（グッバイ），Help me.（ヘゥミー）
> ●**子音＋語頭の h**
> 　call him（コーリム），should have（シュダヴ）
> ●**文末に破裂音（t, d, k, g, p, b）が来る場合**
> 　What's up?（ワッツアッ），That's right.（ザッツライッ）
> ●**語中の [t] の音**
> 　twenty（トゥエニー），interesting（イナレスティン）　※語尾の [g] も脱落している。

　なお，連結の例文に出てきた moment の [t] も脱落し，「モーメン」となる。よって，I'll be back in a moment. は「アイルビーバッキンナモーメン」になる。

(4)　フラッピング（flapping）

　フラッピングとは [t] や [d] の音が舌で弾かれて日本語のラ行（[r]）のような音になる現象のことである。flap とは「弾き音」のこと。アメリカ英語でよく見られる現象である。英会話の本などに，英語で「水」water は「ゥオーター」と発音するのではなく，「ワラ」と発音すると伝わるなどと書かれているのを見たことがあるかもしれない。これがフラッピングである。フラッピングはフレーズになったときだけでなく，1単語でも起こることがある。次の例を見てみよう。

　⑩　She bought a bit of butter.　彼女はバターを少し買った。

　フラッピングが起こる部分に下線を引くと以下のようになる。

　　She bought a bit of butter.

　フラッピングが起こると，下線部が全て「ラ」のような音になる。of の「f」は脱落する。よって，この例文の発音は「シーボラビラバラ」のようになる。速度を保

ち，英文を一息で読むにはこのフラッピングがどうしても必要になってくるので，
このように聞こえるのである。

フラッピングが起こる例

better （ベラ），little （リロー），party （パーリー），ladder （ララー），
shut up （シャラップ）

イギリス英語とアメリカ英語の音の違い

共通テストには，アメリカ英語以外の発音も出てくる。イギリス英語に戸惑
うことがないよう，音の違いの例を確認しておこう。

● R の音

アメリカ英語では母音の後に r があるとき，そり舌で [r] の音を持つ母音の発
音になるが，イギリス英語では [r] の音がない。

⑩ **bird**
アメリカ英語：[bə:*r*d] バ〜ドのような音
イギリス英語：[bə:d] バードのような音

⑩ **door**
アメリカ英語：[dɔ:*r*] ド〜のような音
イギリス英語：[dɔ:] ドーのような音

● 母音

⑩ **can't** （[æ] の音を [ɑ:] と読む）
アメリカ英語：[kænt] キャント，ケァントのような音
イギリス英語：[kɑ:nt] カーントのような音

⑩ **water** （[ɑ(:)] の音を [ɔ:] と読む）
アメリカ英語：[wɑ(:)tə*r*] ワーラーのような音
イギリス英語：[wɔ:tə*r*] ウォーターのような音

※ water は，[ɑ(:) / ɔ:] の音の違い以外に，上でも述べたようなフラッピング
も同時に起きている。

リスニング力を高めるための学習方法

　最後に，リスニング力を高めるための学習方法について見ていこう。次の4ステップで学習するとよい。

（1）　リスニング問題を演習する

（2）　スクリプト音声を何回も聞く

（3）　オーバーラッピングしながらスクリプトを音読する

（4）　ディクテーション（書き取り）する

（1）　リスニング問題を演習する

　英語をただ聞き流したり，目的もなく聞いたりしていてもリスニング能力は向上しづらいので，聞き取った内容を確認するための問題演習をすることが欠かせない。

　まず，問題文の指示どおりにリスニング問題を解き，その後で答え合わせをして解説を熟読する。次に放送文のスクリプトを読んで，聞き取れなかった音や聞き間違えた音があれば，その語句を蛍光ペンなどでマーキングしておく。何が聞き取れなかったのか，何をどのように聞き間違えたのか，ということを自覚することがリスニング力向上のためには欠かせない。

（2）　スクリプト音声を何回も聞く

　(1)のステップの次にすべきことは，スクリプト音声を何回も聞くことである。これは通学中の電車やバス，入浴中などの細切れ時間を利用して何か別のことをしながら聞く，「ながら学習」で十分である。

　このとき注意すべきことは，あれこれさまざまな種類の問題の音声を聞くのではなく，同じ問題の放送文を繰り返し聞くことである。例えば，1日に，5種類の問題の放送文の音声をそれぞれ1回ずつ聞くよりも，1つの問題の放送文の音声を集中的に何度も聞く方が効果的である。同じ音声を繰り返し聞く中で，どのような状況なのか，発言者がどのような心境なのかなどをイメージしながら聞くとなおよい。

　音声を聞くことは，毎日の習慣にしよう。

(3)　オーバーラッピングしながらスクリプトを音読する

　ある程度音声を聞き込んだら，次はスクリプトを音読する。その際，放送文を流しながら放送文と同時に音読するようにするとよい。放送文を流しながらそれに合わせて音読するので，これを**オーバーラッピング**（overlapping「重ね合わせること」の意味）という。

　学習者が音を聞かずにただスクリプトを音読すると，変なクセがついてしまうことがある。しかし，オーバーラッピングをするとネイティブの抑揚やリズムなどをまねながら音読することができ，こうした事態を避けることができる。音声をチャンク（意味のまとまり）ごとに聞いて，それと同じように学習者が繰り返し発話する**リピーティング**（repeating）という学習方法もあるが，①音源を聞き，②音源を停止して自分でその聞き取った英語を何も見ずに反復し，③スクリプトで内容を確認するという手順になるのでかなり時間がかかる。どちらの方法でもかまわないが，限られた時間で学習しなければならない受験生にはオーバーラッピングの方がおすすめである。

　なお，音読する際は前述の4つの音の変化を意識することが大事である。英文の話し手によって音の変化にも差があることに注意し，しっかりまねをしよう。自分が音読した音声を録音して聞き直したり，スクリプトの音源と比較したりすることもリスニング力を高めるには有効である。

(4)　ディクテーション（書き取り）する

　ディクテーション（dictation）とは，英文の音源を聞いて書き取りをする学習法である。(1)〜(3)のステップはリスニング問題を使うが，この最後のステップでは英単語集などに載っている短い例文から始めるのがおすすめだ。この問題集に収録の英文では，第3問の放送文が短いので適している（もちろん慣れてくれば長い文章で試してもかまわない）。

　このディクテーションは1日5英文とか10英文とかノルマを決めてコツコツやることが望ましい。ディクテーションして完全に書き取れなかった英文には印をつけておき，1周した後にもう一度印のついているものだけディクテーションを行う。この作業を繰り返し，最終的には全ての例文が正確に書き取れるようにしたい。巻末の「音読・ディクテーショントレーニング」を利用して，ディクテーションにぜひ取り組んでほしい。

　リスニング力向上のための学習で重要なことは，毎日コツコツと継続することである。このようにして身につけた英語のリスニング力は必ず大学入学後の人生においても役立つはずだし，皆さんの大きな武器にもなる。健闘を祈ります！

第 1 問 A

短い発話① 内容一致選択

設問数	**4** 問
マーク数	**4** つ
配点	**16** 点
放送回数	**2** 回

🏛 **GUIDANCE** 短い発話（1, 2文程度）を聞いて，4つの選択肢の中からその内容に一番合っているものを選ぶ問題。発話は2回放送され，全部で4問出題される。比較的簡単な問題が多いため4問全問正解を目指したい。

例 題

英語を聞き，それぞれの内容と最もよく合っているものを，四つの選択肢（①～④）のうちから一つずつ選びなさい。

問1 ☐ 1

① The speaker has only one blue tie.

② The speaker has only one red tie.

③ The speaker has blue ties.

④ The speaker has red ties.

（共通テスト）

問2 ☐ 2

① David gave the speaker ice cream today.

② David got ice cream from the speaker today.

③ David will get ice cream from the speaker today.

④ David will give the speaker ice cream today.

（共通テスト）

例題の解答・解説

問題の解き方

ステップ1　選択肢に目を通し，放送文の「予測」をする！

・問題が放送される前の短い時間に，あらかじめ選択肢に目を通しておこう。その際，各選択肢の共通する部分と異なる部分に注目し，放送文を聞くときのポイントになりそうなところに印をつけておこう。

・「何の話なのか」「どのような状況なのか」など，選択肢から放送文の発話内容を予測して積極的に聞く姿勢（Active Listening）が重要である。

ステップ2　放送文を聞いて答える！

　1回目の放送できちんと聞き取って答えを選び，2回目の放送で再確認するのが理想だが，聞き取れなかった場合には，短い文なので，放送文を頭の中で反芻してみるのも効果的だ。

解答　問1　③　　問2　②

問1

放送文と訳

I'd like to wear a red tie to work, but I only have blue ones.

赤いネクタイをして仕事に行きたいのに，青いネクタイしか持っていない。

解説

ステップ1　選択肢に目を通し，放送文の「予測」をする！

　まず，選択肢を確認し，共通する部分と異なる部分をそれぞれ見てみよう。

① The speaker has only one blue tie.　→ 持っているネクタイ：1本，青

② The speaker has only one red tie.　→ 持っているネクタイ：1本，赤

③ **The speaker has blue ties.**　→ 持っているネクタイ：複数，青

④ The speaker has red ties.　→ 持っているネクタイ：複数，赤

　各選択肢で共通しているのは The speaker has「話し手は～を持っている」と tie(s)「ネクタイ」である。よって，異なる部分の，ネクタイの「数」（1本のみ or 複数）と「色」（青 or 赤）が問われるのだと予想して放送文を聞いていこう。

　放送文は，I'd like to wear a red tie to work, but **I only have blue ones**.「赤い
ネクタイをして仕事に行きたいのに，**青いネクタイしか持っていない**」という内
容。**blue ones** の部分から，話し手は「青いネクタイを複数本」所有しているこ
とがわかるので，blue ties「青いネクタイ（複数）」とある ③ が正解。

❖誤答分析❖
　選択肢 ① と ② は only one とあり，所有しているネクタイが 1 本のみなので不
適。選択肢 ④ は red ties「赤いネクタイ（複数）」なので色が誤り。

　着眼点

　選択肢の異なる部分が放送文を聞くときのポイントになる。「数」「色」など，
どう異なるのかをあらかじめ整理して放送文に備えよう。

問 2

放送文と訳

I won't give David any more ice cream today. I gave him some after lunch.
私は今日もうこれ以上デービッドにアイスクリームをあげない。ランチの後に彼にアイ
スクリームをあげたから。

解説

ステップ1　選択肢に目を通し，放送文の「予測」をする！

　まず，選択肢を確認しよう。登場する人物は David と the speaker の 2 人で，
ice cream と today の語句が共通している。また，動詞は give「あげる」と get
「入手する」の 2 種類で，それぞれ逆の意味なので，デービッドが **ice cream を
「あげる」のか「もらう」のか**が聞き取りのポイントだとわかる。さらに注目すべ
きは動詞の「時制」で，過去形と未来を表す will があるので，**give または get す
る「時」**にも注意を払いつつ聞く。

① David gave the speaker ice cream today.
　　デービッドは今日話し手にアイスクリームをあげた。
　→ デービッドがあげた（過去）

② **David got ice cream from the speaker today.**
　　デービッドは今日話し手からアイスクリームをもらった。
　→ デービッドがもらった（過去）

③ David will get ice cream from the speaker today.
デービッドは今日話し手からアイスクリームをもらうだろう。

→ デービッドはこれからもらう（未来）

④ David will give the speaker ice cream today.
デービッドは今日話し手にアイスクリームをあげるだろう。

→ デービッドはこれからあげる（未来）

ステップ2 放送文を聞いて答える！

　放送文は1文目が，I won't give David any more ice cream today.「私（＝話し手）は今日もうこれ以上デービッドにアイスクリームをあげない」である。ここで，聞き取りづらいところは，won't give だ。won't を want と勘違いしてしまう人もいるかもしれないが，直後に動詞 give が続いているので want give ではなく **won't give（＝ will not give）となるのが正しい形**である。「t」は明瞭に発音されないことも多いので won't give が聞き取れず，1文目の内容をつかめなかった人も多いかもしれない。

　続く文は I gave him some after lunch.「ランチの後に彼にアイスクリームをあげた」である。つまり，デービッドはすでにアイスクリームを（話し手から）「もらっていた」ということなので，②が正解。なお，2文目の some は some ice cream を表している。

❖誤答分析❖

　「デービッドが話し手にアイスクリームをあげた」という意味の①と「デービッドはこれからアイスクリームをあげるだろう」という意味の④は，アイスクリームをもらう立場のデービッドが「アイスクリームをあげる」ことになるのでともに不適。「デービッドはこれからアイスクリームをもらうだろう」という意味の③も不適。

 着眼点

　・選択肢の登場人物を確認し，主語が異なったり，主語が同じでも動詞が逆の意味だったりする場合には，誰が誰に何をする（した／している）のか，注意して放送文を聞こう。

　・選択肢の述語動詞の時制が異なる場合には，時制に注意して放送文を聞こう。

第1問Aは**問1**から**問4**の4問です。英語を聞き，それぞれの内容と最
もよく合っているものを，四つの選択肢（①〜④）のうちから一つずつ選
びなさい。

◀️‑02

問1 ☐ 1 ☐

① The speaker did not go to work today.

② The speaker will take the bus to work.

③ The speaker walked to the bus stop today.

④ The speaker will walk to work.

問2 ☐ 2 ☐

① The speaker cannot go to the beach.

② The speaker is free on Sunday.

③ The speaker will go to the beach.

④ The speaker will take a test on Sunday.

問3 ☐ 3 ☐

① Peter almost passed the exam.

② Peter passed the exam with a very high score.

③ Peter's score was lower than expected.

④ Peter didn't study at all for the exam.

問4 ☐ 4 ☐

① The speaker plans to employ someone for the job.

② The speaker has applied for work.

③ The speaker wants to be a photographer.

④ The speaker has to write an essay for a new job.

チャレンジテストの解答・解説

問1

放送文と訳

The weather is nice today so I'll walk to work instead of taking the bus.
今日は天気がいいので，私はバスに乗らないで歩いて職場に行くつもりだ。

解説

ステップ1 選択肢に目を通し，放送文の「予測」をする！

まず，選択肢にあらかじめ目を通す。

① The speaker did not go to work today.
話し手は今日職場に行かなかった。

② The speaker will take the bus to work.
話し手はバスで職場に行くだろう。

③ The speaker walked to the bus stop today.
話し手は徒歩でバス停に行った。

④ **The speaker will walk to work.**
話し手は歩いて職場に行くだろう。

4つの選択肢で主語のThe speaker「話し手」が共通している。また，異なる部分は，話し手が「どこに（職場・バス停）」「どんな手段で」「行く／行かない（かった）」のかなので，ここが放送文を聞き取るときのポイントであることがわかる。

注意しなければならないのは，**動詞の時制**である。①・③は「過去時制」，②・④は「willを用いた未来」と選択肢によって異なるので，特にしっかり意識して聞き取るようにしよう。

ステップ2 放送文を聞いて答える！

I'll walk to work「歩いて職場に行くつもり」という部分から，正解は④。動詞の時制にかかわるI'llの部分が聞き取りにくかった人は2回目の放送でその部分を特に注意して聞くようにしよう。

❖誤答分析❖

選択肢①は時制が過去形でしかも「職場に行かなかった」とあるので不適。②は職場に行く手段が誤り。instead of taking the bus「バスに乗る代わりに」の部分に惑わされないようにしたい。③は時制が誤りだが，そもそもこのような描写はない。

問 2

放送文と訳

Going to the beach on Sunday sounds great, but I have a test on Monday morning.

日曜日に海辺に行くなんてすてきね，でも私は月曜日の午前中にテストがあるの。

解説

ステップ1 選択肢に目を通し，放送文の「予測」をする！

まず，選択肢にあらかじめ目を通す。

① The speaker cannot go to the beach.
話し手は海辺に行けない。

② The speaker is free on Sunday.
話し手は日曜日は暇だ。

③ The speaker will go to the beach.
話し手は海辺に行くつもりだ。

④ The speaker will take a test on Sunday.
話し手は日曜日にテストを受ける予定だ。

主語の The speaker「話し手」が4つの選択肢で共通している。異なる部分を見てみると①・③が**「海辺に行くつもりか／行けないか」**，②・④が**「日曜日は暇だ／日曜日にテストがある」**という違いがあることがわかるので，放送文を聞くときはこれらの点に注意する。

動詞の時制が，①・②の「現在時制」と③・④の「will を用いた未来」と異なっていることにも注意しておく。

ステップ2 放送文を聞いて答える！

話し手は前半で Going to the beach on Sunday sounds great「日曜日に海辺に行くなんてすてきね」と感想を述べる一方，後半では but I have a test on Monday morning「でも私は月曜日の午前中にテストがあるの」と言っている。話し手は明言していないが，その真意は「日曜日に海辺に行きたいけれど，月曜日にテス

トがあるので勉強しなくてはならない。だから**海辺には行けない**」である。よって、正解は①。

❖誤答分析❖

月曜日の午前中にテストがあり、そのために勉強をしなくてならないので、「日曜日は暇だ」という②と「海辺に行くつもりだ」という③は不適。話し手がテストを受けるのは月曜日の午前中なので、「日曜日にテストを受ける予定」という④も不適。

 着眼点

　選択肢で確認したことが放送文で明言されていないことがある。その場合は、「話し手はなぜそのように発言しているのか」、「本当は何を言いたいのか」、といった話し手の真意を考えながら放送文を聞こう。

問3

放送文と訳

Peter didn't do as well in the exam as he had hoped, but he still passed.
ピーターは自分が期待していたほど試験ではうまくいかなかったが、それでも合格した。

解説

ステップ1　選択肢に目を通し、放送文の「予測」をする！

　まず、選択肢にあらかじめ目を通す。

① Peter almost passed the exam.
　ピーターは試験に合格しそうだった（＝合格していなかった）。

② Peter passed the exam with a very high score.
　ピーターは高得点で試験に合格した。

③ Peter's score was lower than expected.
　ピーターの得点は予想よりも低かった。

④ Peter didn't study at all for the exam.
　ピーターは試験勉強を一切しなかった。

　主語は Peter もしくは Peter's score「ピーターの得点」。また、exam「試験」や score「得点」という語があることから **Peter の試験に関すること**だと予想する。

　気をつけなければならない選択肢は①と③。①の almost は「もう少しで（〜するところで）」という意味で、nearly と同義。よって、①は「惜しかったけれ

| 26

どもピーターは合格していない」という意味であることをつかんでおく。③ は比較表現 lower than expected「予想よりも低い」に注意。「比較」は問題を解くカギとなることが多いので選択肢や放送文に含まれる場合には注意しよう。

動詞の時制は全て過去だが，選択肢 ①・②・③ は試験の「結果」に関して述べているのに対し，④ は「試験を受ける前」の試験勉強についての言及であることにも注目しておこう。

ステップ 2 放送文を聞いて答える！

放送文の前半 Peter didn't do as well in the exam as he had hoped は not as ～ as ...「…ほど～でない」の同等比較を使った文。「ピーターは自分が期待していたほど（he had hoped）試験でうまくいかなかった（didn't do well）」より**「ピーターは期待していたほどの高得点を取れなかった」**ことがわかる。したがって，③ が正解。

❖誤答分析❖

① は試験には合格しているので不適。また，合格したが期待していたほど高得点ではなかったので，② も不適。試験勉強のことに関しては一切言及がないので ④ も不適。

☺ **着眼点**

比較表現が出てきたら，何と何を比較しているかに気をつけて聞くこと。特に否定語を含む比較表現には注意しよう（→ 詳しくは p.29）。

問 4

放送文と訳

To apply for this job, I don't have to send a photograph, but I need to write a short essay.

この仕事に応募するために写真は送らなくてもよいが，小論文を書く必要がある。

解説

ステップ 1 選択肢に目を通し，放送文の「予測」をする！

まず，選択肢にあらかじめ目を通す。

① The speaker plans to employ someone for the job.
　話し手はその仕事のために誰かを雇う予定だ。

② The speaker has applied for work.
　話し手は仕事に応募した。

③ The speaker wants to be a photographer.
　話し手は写真家になりたい。

④ **The speaker has to write an essay for a new job.**
　話し手は新しい仕事のために小論文を書かなければならない。

　4つの選択肢に共通するのは主語 The speaker。job や work という語があるので，**仕事に関する発言がなされる**のではと予測できる。

　時制や動詞はそれぞれ異なっているので，話し手が①「人を雇う」のか，②「応募した」（現在完了）のか，③「望んでいる」（現在）のか，④「書かなければならない」（現在）のかを聞き取りポイントとして放送文を聞こう。

　ステップ2　放送文を聞いて答える！

　放送文は To apply for this job, ...「この仕事に応募するために，…」で始まるので，話し手が仕事に応募することがわかる。続く I don't have to send a photograph「写真は送らなくてもよい」の後，I need to write a short essay「小論文を書く必要がある」と仕事の応募に必要なことを述べているので，正解は④。

❖誤答分析❖

　①は，話し手は仕事に応募しようとしているのであって，誰かを雇う立場ではないので不適。②は，これから応募するので，「すでに応募した」という現在完了も不適。③は，photographer「写真家」については言及されていないので不適。

　ちなみに，アメリカでは履歴書（CV, resume）には自分の顔写真を貼ることを求められないのが普通で，場合によっては年齢の記載が不要なこともある。男女差別（sexism），人種差別（racism），年齢（高齢者）差別（ageism）につながる可能性があるからである。企業としても訴訟リスクを避けるために，このような状況になったと言われる。

比較表現

　放送文で比較表現が出てきたら，解答のポイントになることが多い。何と何を比較しているのか，程度の大小関係はどうかを意識的に聞くようにしよう。特に否定表現がからむと，読む場合には簡単に理解できることでも，聞く場合にはとっさに判断がつかなくなることもあるので要注意だ。

📍 原級を使った表現

- **A ... not as [so] ＋原級＋ as B** 「A は B ほど～ではない」（A < B）
  - 例 The little girl can**not** run **as fast as** her dog.
    - その女の子は自分の犬ほど速く走れない。（※ 足の速さ：女の子＜犬）

- **as good as ～** 「～も同然」（= very nearly）
  - 例 She **as good as** called me a liar.
    - 彼女は私のことを嘘つき呼ばわりしたのも同然だった。

- **as ＋原級＋ as ever** 「相変わらず～／今まで同様に～」（これまで＝現在）
  - 例 He is **as kind as** ever.
    - 彼は相変わらず親切だ。

- **as [so] ＋原級＋ as one expected** 「期待[予想]したとおり～」（期待＝実際）
  - 例 The car is not **so** expensive **as I expected**.
    - その車は私が予想していたほど高額ではない。
    - （※ 否定 not が含まれる：予想していた値段＞実際の値段）

- **as ＋原級＋ as one looks** 「見かけどおりに～」（見かけ＝実際）
  - 例 She is **as intelligent as she looks**.
    - 彼女は見かけどおりに賢い。

- **as ＋原級＋ as ＋数字** 「～も」（後ろの数値を強調）
  - 例 He has **as many as** 200 books.
    - 彼は 200 冊も本を持っている。（※ as many as は 200 という数字を強調）

- **X times [twice / half] as ＋原級＋ as ～** 「～の X 倍 [2 倍／半分] …」
  - 例 He has three **times as** many books **as** I have.
    - 彼は私の 3 倍の冊数の本を持っている。

⚲ 比較級を使った表現

- **比較級＋than usual**「普段よりも〜」（普段＜今）

  ㊎ She looks much **more** attractive **than usual**.

  　彼女は普段よりも断然魅力的に見える。（※ 普段の見え方＜今の見え方）

- **数字を含む表現＋比較級＋than 〜**「〜よりも数字分だけ…」

  ㊎ She has been in college **one year** longer **than** I have.

  　彼女は大学で私の 1 年先輩だ。

  　（※「私が大学 1 年生／彼女が 2 年生」,「私が大学 2 年生／彼女が 3 年生」など）

- **no＋比較級＋than 〜**「〜と同じ」（A ≒ B）

  ＊no は比較級「より〜」自体を強く打ち消す。

  例1 He runs **no faster than** I.

  　彼は私と同じくらい足が速くない［遅い］。

  　（※ 否定的ニュアンス：彼の足の遅さ ≒ 私の足の遅さ）

  　no faster で「足が速くない（＝ 遅い）」という否定的な意味になることに注意。

ここで次の①〜③の文の意味の違いを整理しておこう。

① He runs faster **than** I.（he ＞ I）

彼は私より速く走る。

② He does **not** run faster **than** I.（he ≦ I）

彼は私ほど速く走らない。

　＊彼は私と同じくらいの足の速さか，もしくは私よりも足が遅い。

　＊not は単純な否定。①の文を否定した表現。

③ He runs **no** faster **than** I.（he ≒ I）

彼は私と同じくらい足が速くない［遅い］。

　＊no ＞ not であり，no は比較級「より〜」自体を打ち消し,「ほぼ同じくらい〜」という意味にする。③は①の文を単純に否定した②とは異なる意味になる。

　＊〈no + faster〉で「全然速くない（むしろ遅い）」という否定のニュアンスになる。彼と私は同じくらいの足の速さだが，一般的に言って速くないという意味。

  例2 The house is **no** smaller **than** the castle.

  　その家はお城くらいの大きさである。

  　（※ 肯定的ニュアンス：その家の大きさ ≒ そのお城の大きさ。〈no + smaller〉で全然小さくない（というよりむしろ大きい）」という意味になることに注意）

🔵 最上級を使った表現

・the＋序数＋最上級＋A「〜番目に…なA」

⚛ The Tone River is **the second longest** river in Japan.

利根川は日本で 2 番目に長い川だ。

・the＋最上級＋名詞（範囲なし）...「どんなに〜な 名詞 でも…」

⚛ **The most intelligent person** cannot solve the problem.

どんなに賢い人でもその問題は解けない。

🔵 原級・比較級を使って最上級の意味を表すもの

・No (other)＋単数名詞[Nothing / Nobody]＋V＋as[so]＋原級＋as A

「Aほど…な〜はない [何もない／誰もいない]」

⚛ **Nothing** is **so** happy for me **as** seeing my children smile.

自分の子どもの笑顔を見ることほど幸せなことは私にはない。

（＝I feel happiest when I see my children smile.）

・No (other)＋単数名詞[Nothing / Nobody]＋V＋比較級＋than A

「Aより…な〜はない [何もない／誰もいない]」

⚛ **Nothing** is **more** important **than** keeping good health.

健康維持より重要なことはない。

（＝It is the most important to keep good health.）

・A is＋比較級＋than any other＋単数名詞[anything else / anybody else]

「Aは他のどの〜よりも [何よりも／誰よりも] …だ」

⚛ Mt. Fuji is higher **than any other** mountain in Japan.

富士山は日本の他のどの山よりも高い。

（＝Mt. Fuji is the highest mountain in Japan.）

なお，この文は上の 2 つの形に書き換えることもできる。

＝No other mountain in Japan is so high as Mt. Fuji.

＝No other mountain in Japan is higher than Mt. Fuji.

比較表現の意味

次の例を見てみよう。まずは意味を考えて，できれば和訳を書いてみてほしい。

> ① He is intelligent.
> ② He is as intelligent as a monkey.

① He is intelligent. は問題ないだろう。「彼は賢い」という意味だ。それでは② He is as intelligent as a monkey. はどうであろうか。受験生の解答で多いのは，「彼はサルと同じくらい賢い」という和訳である。

確かに，intelligent は「賢い」という意味だし，原級比較は〈as + 原級 + as 〜〉「〜と同じくらい…」という意味である。しかし，②において，he（＝人間）と比較されているのは a monkey「サル」である。ヒトとサルを intelligent「知的」という観点から比較しているのである。よって，②の文は「彼の知性はサル並だ（＝彼は賢くない）」と理解しなければならない。つまり，②は〈as + 原級 + as 〜〉という比較表現だが，一種の比喩表現にもなっている。

別の例も見てみよう。

> My mother is as busy as a bee.

この文も直訳すると，「私の母は働き蜂と同じくらい忙しい」という意味だが，「母親が働き蜂のように忙しく働いている」という意味になることに注意。会話ではこのような比喩の場面にも比較表現が登場することを覚えておこう。

比較表現の省略

比較表現は省略が多用されることにも注意が必要である。特に比較対象は省略されることが多い。これは前後関係から比較対象に関しては言及しなくても聞き手［読み手］が理解できるという判断からである。例えば，Mike and Mary are members of the club, and he is **younger**. 「マイクとメアリーはそのクラブの一員であり，彼の方が若い」という文を聞いたら，誰と比較しているのかという情報（例：than Mary「メアリーよりも」）を補って聞かなければならない。

このように比較表現を含んだ英文は，(1)何と何を (2)どのような観点から比較しているかという視点を持つこと，また，(3)省略に注意することが重要である。

第1問 B

短い発話②
内容一致選択（イラスト）

設問数	**3** 問
マーク数	**3** つ
配点	**9** 点
放送回数	**2** 回

難易度：★☆☆

GUIDANCE　短い発話（1，2文程度）を聞いて，4つの似たイラストの中からその内容に一番合っているものを選ぶ問題。発話は2回放送され，全部で3問出題される。比較的簡単な問題が多いため3問全問正解を目指したい。

例　題

英語を聞き，それぞれの内容と最もよく合っている絵を，四つの選択肢（①〜④）のうちから一つずつ選びなさい。

03

問1　☐1☐

①

②

③

④

（共通テスト）

問2　2

①

②

③

④

（共通テスト）

問題の解き方

ステップ1 4つのイラストに目を通し，放送文の「予測」をする！

　　問題が放送される前に，選択肢のイラストを確認し，共通する部分から放送文の状況を「予測」する。また，4つのイラストは似ているが，異なる部分がある。このイラストの異なる部分がリスニングで聞き取るべきポイントなので，注目しておこう。

ステップ2 放送文を聞いて答える！

・イラストの異なる部分がどのように英語で説明されているかに意識を集中して聞こう。

・1回目の放送できちんと聞き取って答えを選び，2回目の放送で再確認したい。短い文なので，放送文を頭の中で反芻（すう）してみるのも効果的だ。

解答 問1　②　　問2　③

問1

放送文と訳

Almost everyone at the bus stop is wearing a hat.

バス停にいるほとんど全ての人たちが帽子をかぶっている。

選択肢のイラスト

③

④

解説

ステップ1 4つのイラストに目を通し，放送文の「予測」をする！

　まず，4つのイラストを確認すると，バス停とそこに並ぶ男女が計5人いることは共通している。各イラストの男女は同じ人物で，男性は2人，女性は3人である。一方，各イラストの異なる部分は，**帽子をかぶっている人の数**で，それぞれ，①：5人　②：4人　③：1人　④：0人である。つまり，放送文では，「帽子をかぶっている人数に関して言及があるのではないか」と予測する。

ステップ2 放送文を聞いて答える！

　放送文のうち，Almost everyone ...「ほとんど全ての人たちが…」という部分と，is wearing a hat「帽子をかぶっている」という部分がカギ。ここから放送文は「帽子をかぶっている人数」に関して述べていることがわかる。almost everyoneだから「もう少しで5人全員」ということで，4人が帽子をかぶっている②が正解。almost all も同じ意味。

　ちなみに，almost は「ほとんど」と覚えている人も多いかもしれないが，元々の意味は「もう少しで」。つまり，almost = nearly である。例えば，I almost forgot it! は「私はほとんど忘れていた」ではなく，「もう少しで忘れるところだった／危うく忘れるところだった」という意味。

 　着眼点

　「数」が問われている場合，放送文中に具体的な数字（1，2，3 など）がいつも出てくるとは限らない。数の大小を抽象的に示すのに使われる表現（almost「ほとんど，もう少しで」，most「ほとんど」など）が出てくることも多いので，これらの意味を正確に覚えておこう（→ 詳しくは p.49）。

問2

The girl's mother is painting a picture of herself.

その女の子の母親は自画像を描いている。

①

②

③

④

解説

ステップ1 ４つのイラストに目を通し，放送文の「予測」をする！

　まず，４つのイラストを確認すると，女の子とその母親（らしき人）がいて，そのどちらかが自分か相手の絵を描いているということが共通している。異なるのは**「誰が誰を描いているか」**なので，これがこの問題のポイントであると予測する。①は「女の子」が「自分の絵」を，②は「女の子」が「母親の絵」を，③は「母親」が「自分の絵」を，④は「母親」が「女の子の絵」をそれぞれ描いている。

ステップ2 放送文を聞いて答える！

　最初の，The girl's mother is painting ...「その女の子の母親は…の絵を描いている」より，絵を描いているのは女の子の「母親」だとわかる。この部分から，③か④のいずれかに絞られる。また，それに続く ... a picture of herself「彼女自身の絵」の部分から，描いている絵の内容は「母親の自画像」だとわかるので③が正解。

 着眼点

・イラストに登場する人物たちの行動がイラストによって異なる場合には，「誰が誰に」，「何をしているのか」に気をつけて放送文を聞こう。

・自分がするのか，それともしてもらうのかなど主体や客体，能動や受動などの点に関しても注意しておきたい。

第1問Bは**問1**から**問3**の3問です。英語を聞き，それぞれの内容と最 も04
もよく合っている絵を，四つの選択肢（①〜④）のうちから一つずつ選び
なさい。

問1 ⟦ 1 ⟧

①

②

③

④

問2 2

①

②

③

④

問3 〔 3 〕

①

②

③

④

チャレンジテストの解答・解説

解答 問1 ④　　問2 ①　　問3 ③

問1

放送文と訳

The woman is going to have her nails painted.

女性は自分の爪にマニキュアを塗ってもらう予定だ。

選択肢のイラスト

①

②

③

④

解説

ステップ1 4つのイラストに目を通し，放送文の「予測」をする！

　まず，4つのイラストに目を通す。共通しているのは女性とマニキュアである。異なる点は，(1)**「誰がマニキュアを塗るのか」**と(2)**「いつマニキュアを塗るのか」（時制）**である。①は「女性（自身）」が「今塗っている」，②は「女性（自身）」が「すでに塗り終わっている」，③は「他の人」に「（すでに）塗ってもらった」，④は「他の人」に「塗ってもらう予定」である。これらより，聞き取りのポイントは「誰が」「いつ」塗るのかという点であることが推測できる。

ステップ2 放送文を聞いて答える！

　The woman is going to have ...「女性は…するつもりだ」より，女性が爪にマニキュアを塗ってもらうのは未来のことだとわかる。この have は使役動詞で**〈have ＋ O ＋過去分詞〉**で**「O を～してもらう」**という意味。つまり，マニキュアは自分で塗るのではなく，他の人に塗ってもらうことがわかるので④が正解。

❖誤答分析❖

　①は女性が「自分で」マニキュアを「現在塗っている」（＝現在進行形）ので不適。②は女性が「自分で」マニキュアを「塗り終えた」（＝現在完了・過去形）ので不適。③は女性が「他の人に」マニキュアを「塗ってもらった」（＝過去形）ので不適。

問2

放送文と訳

The man arrived just in time for the train.

その男性は電車にちょうど間に合う時間に到着した。

選択肢のイラスト

①

②

③

④

ステップ1 4つのイラストに目を通し，放送文の「予測」をする！

　まず，4つのイラストを確認すると，共通するのは男性と電車なので，**男性と電車の関係**が問題のポイントであると予測する。①は「ギリギリ電車に乗ることができた」，②は「電車に乗れなかった」，③は「電車を待っている（＝まだ乗ってない）」，④は「すでに電車に乗っている」である。この違いを押さえて放送文を聞こう。

ステップ2 放送文を聞いて答える！

　放送文の just in time for the train を聞き取ることが重要。in time for 〜で「〜に間に合うように」という意味なので，男性は「電車にちょうど間に合う時間に到着した」ということである。よって，①が正解。

❖誤答分析❖

　②は，電車に乗り遅れているので不適。③は，ホームのいすに座って電車を待っ

ているので「ちょうど」間に合う時間に到着したという内容と合わない。④ は，すでに乗車しているので不適。

問 3

第1問 B

放送文と訳

The girl is not as fast as her dog.
少女は自分の犬ほど足が速くない。

選択肢のイラスト

①

②

③

④

ステップ 1 4つのイラストに目を通し，放送文の「予測」をする！

　まず4つのイラストを確認すると，少女と犬がいることが共通している。一方，各イラストの異なる部分は，**少女と犬の状態と位置関係**である。① ～ ③のイラストでは両者が走っていて，①は「少女の方が速い（少女＞犬）」，②は「少女と犬は同じくらいの速さ（少女＝犬）」，③は「犬の方が速い（少女＜犬）」である。④は犬にリード（ひも）をつけて歩いている。つまり，放送文では少女と犬の走る［歩く］速さが聞き取りのポイントであろうと予測する。

ステップ 2 放送文を聞いて答える！

　放送文の not as fast as をきちんと聞き取ろう。not as 〜 as ... で「…ほど〜でない」なので，放送文は「少女は犬ほど速くない」という意味になる。よって，犬が少女より速く走っている③が正解。not を聞きもらして，as fast as 〜「〜と同じくらい速い」と勘違いしないこと。

❖誤答分析❖

　①は少女の方が犬より速いので不適。②は少女と犬が同じペースで走っているので不適。④は犬を散歩させているイラストで，少女と犬の速さの比較は表現されていないので不適。

数の大小などを表す表現／注意すべき否定表現

　イラスト問題の中には，数や量など数字にかかわることを聞き取るものがある。ただし，具体的な数字がそのまま放送文に出てくるわけではなく，数字を使わない表現になっていることも多い。また，放送文と選択肢間で，具体的な数字を別の表現で言い換えている場合などもある。

比較級を用いた表現

- **not more than ＋数量 ＝ at most ～** 「せいぜい～，たかだか～」
  - 例 She has **not more than** 5,000 yen with her.
    (= She has at most 5,000 yen with her.)
    彼女の持ち合わせはせいぜい 5,000 円だろう。

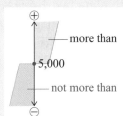

- **not less than ＋数量 ＝ at least ～**
  「少なくとも」
  - 例 She has **not less than** 5,000 yen with her.
    (= She has at least 5,000 yen with her.)
    彼女は少なくとも 5,000 円は持っている。
    ＊not は単純な否定。more than と less than を
    　単純に否定している

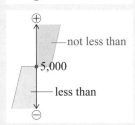

- **no more than ＋数量 ＝ only ～** 「～しか…ない」
  - 例 She has **no more than** 5,000 yen with her.
    (= She has only 5,000 yen with her.)
    彼女は 5,000 円しか持ってない。

$$\ominus \times \oplus = \ominus$$
no　more　～だけ

- **no less than ＋数量 ＝ as many as ＋可算名詞／**
  as much as ＋不可算名詞 「～も」
  - 例 She has **no less than** 5,000 yen with her.
    (= She has as much as 5,000 yen with her.)
    彼女は 5,000 円も持っている。

$$\ominus \times \ominus = \oplus$$
no　less　～も

    ＊no は not より強い否定でマイナスイメージを持つ
    →〈no ＋比較級〉は，no が比較級「より～」を否定し「ほぼ～同じ」を表す。

📍 数量詞などを用いた表現

- **quite a few ＋可算名詞（＝ not a few ＋可算名詞）「かなりの数の」／ quite a little ＋不可算名詞（＝ not a little ＋不可算名詞）「かなりの量（程度）の」**

  例 **Quite a few** people visit our school festival.

  かなりの数の人が本校の学園祭に訪れる。

  It is said that he has **quite a little** money.

  彼はかなりの金持ちだといううわさだ。

- **quite few ＋可算名詞／ quite little ＋不可算名詞「ほとんどない〜」**

  ＊ few や little（否定的ニュアンス）を quite が強調している。

  例 **Quite few** people were willing to accept it.

  それを進んで受け入れる人はほとんどいなかった。

  I had **quite little** time to practice.

  練習する時間がほとんどなかった。

📍 準否定（否定に準ずる）の表現

- **hardly anyone「ほとんどの人は〜しない」**

  例 **Hardly anyone** could solve the problem.

  ほとんど誰もその問題を解けなかった。

  ＊この文は，No one could solve the problem.「その問題は誰も解けなかった」の意味を少し弱めたもの。

- **barely「かろうじて（肯定的なニュアンス）」**

  例 **Barely** ten people came to the party.

  かろうじて 10 人がパーティーに来た。

- **scarcely「かろうじて（否定的なニュアンス）」**

  例 There were **scarcely** ten people who came to the party.

  パーティーに来た人はわずか 10 人しかいなかった。

📍 部分否定と全部否定

　否定語には not や never などがあるが，その否定の範囲は「否定語の置かれた後ろからピリオド，コンマまでの部分」というのが原則である。

⟨例⟩ All students do　not　like the teacher.【全部否定】

　　全ての学生はその教師が好きではない。

　　Not　all students like the teacher.【部分否定】

　　全ての学生がその教師を好きというわけではない。

　この原則を知っておくと，not always ～「いつも～とは限らない」や not necessarily ～「必ずしも～とは限らない」，not both ～「両方とも～というわけではない」といった部分否定の表現をイディオムとして暗記しなくても意味がわかるようになる。

⟨例⟩ That is **not always** the case.

　　それは常に当てはまるわけではない。

⟨例⟩ Freedom does**n't necessarily** mean that you can do anything.

　　自由とは必ずしも何をしてもかまわないということを意味しない。

⟨例⟩ **Not both** of my parents allowed me to study abroad.

　　両親が二人とも私が留学することを許してくれたわけではなかった。

📍 one, another, the other, some, others

　不特定の人やものを指すために使う代名詞である，one, another, other などの意味と用法を確認しておこう。

⑴　**全体が 2 つの場合**

　　一方を **one** とすると，他方（other）は特定できるので **the other** となる。

one　the other

⟨例⟩ I have two jackets. **One** is brown, and **the other** is gray.

　　私はジャケットを 2 着持っている。1 つは茶色でもう 1 つはグレーだ。

(2) 全体が３つの場合

３つのうちの１つを **one** とすると，残りは２つなのでそのうちの１つは **another**（＝ an + other），最後の１つは特定できるので **the other** となる。

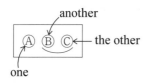

㊀ He has three brothers. **One** is a teacher, **another** (is) a lawyer, and **the other** (is) a doctor.

彼には兄弟が３人いる。１人は教師で，もう１人は弁護士，そして最後の１人は医者だ。

なお，全体の数がわかっていて，そのうちの１つを **one** で表したとき，残りのものをまとめて表現するときは **the others** を用いる。

㊀ She has three daughters. **One** goes to university, and **the others** are high school students.

彼女には３人の娘がいる。１人は大学生で，残りの２人は高校生だ。

(3) 全体が不特定複数の場合

集合のうち１つを **one** とすると，残りは複数あるのでそのうちの１つは **another** となる。集合の複数を **some** で表現すると，それ以外のものは another（＝ an + other）が複数なので **others** となる。

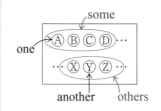

㊀ **Some** students like music, and **others** don't.

音楽が好きな学生もいれば，そうでない者もいる。

第2問

短い対話① 質問選択（イラスト）

設問数	**4** 問
マーク数	**4** つ
配点	**16** 点
放送回数	**2** 回

難易度：★★☆

GUIDANCE　2人の短い対話（2往復程度）を聞いた後，その対話に関する問いが放送される。日本語で書かれた対話の場面説明とイラストを見て，対話と問いの内容に最も合っているものを選ぶ問題。対話と問いは2回放送され，全部で4問出題される。第1問に続いて簡単な問題が多いため高得点を目指したい。

例　題

それぞれの問いについて，対話の場面が日本語で書かれています。対話とそれについての問いを聞き，その答えとして最も適切なものを，四つの選択肢（①〜④）のうちから一つずつ選びなさい。

問1　部屋の片付けをしています。　1

①

②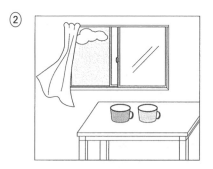

③

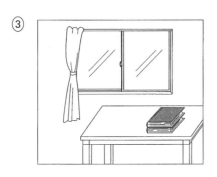

④

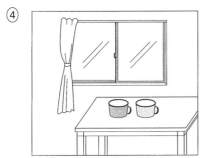

問2 家族旅行で泊まるホテルの話をしています。　　2

例題の解答・解説

問題の解き方

ステップ1　位置関係やイラストの異なる部分に注目する！

　日本語で書かれている対話の場面説明を踏まえた上でイラストに目を通し，異なる部分がどこかに注意しておく。イラストが1つの場合は場面説明とイラストを照らし合わせて，放送文で問われそうなことを予測する。

ステップ2　放送文を聞いて答える！

　1回目の放送で内容を聞き取り，解答にたどり着くのが理想だが，できないときもあるだろう。その場合の戦略は，1回目の放送で少なくとも最後に流れる Question「質問」の内容をきちんと聞き取っておくことである。対話の部分については，最低でもどのような状況で何が話題になっているのかといった概略を押さえるつもりで聞く。2回目の放送では，1回目の放送で聞き取った質問に答えることを意識して，対話の細かい部分を丁寧に聞いていけばよい。

解答　問1　①　　問2　②

問1

放送文と訳

W: Can you take the cups off the table and put the books there instead?

M: Done! Shall I close the window?

W: Umm, leave it open.

M: Yeah, we need some fresh air.

Question: Which picture shows the room after the conversation?

W：カップをテーブルから片付けて，代わりにそれらの本をそこに置いてくれる？

M：終わったよ！　窓を閉めようか。

W：うーん，開けたままにしておいて。

M：わかった，少し新鮮な空気が必要だね。

質問：この会話後の部屋を示しているのはどの絵か。

①

②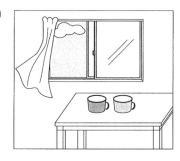

③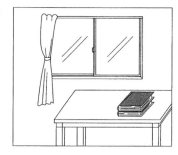

④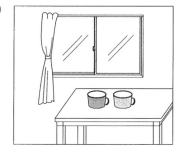

ステップ 1 位置関係やイラストの異なる部分に注目する！

選択肢のイラストは，テーブルの上にあるものに注目すると，**本**（books ①・③）／**カップ**（cups ②・④）に分けられる。さらに，窓（window）に注目すると，**開いている**（open ①・②）／**閉まっている**（close ③・④）に分けられる。日本語で書かれた対話の場面「片付けをしている」を踏まえて放送に備えよう。

ステップ 2 放送文を聞いて答える！

放送文を聞く際は，**ステップ 1** で確認した，the window, books, cups, open, close などの単語が出てくるところに注意する。まず，放送文における女性の最初の発言の take the cups off the table「カップをテーブルから片付ける」と put the books there instead「代わりにそれらの本をそこ（there = on the table）に置く」が聞き取りのポイント。ここから，**テーブルの上には本が置かれている**ことがわかる。次に男性の Shall I close the window?「窓を閉めようか」という発言に対して，女性が Umm, leave it open.「うーん，開けたままにしておいて」と答えている。ここから，**窓は開いたまま**であることがわかる。質問は Which picture shows the room after the conversation?「この会話後の部屋を示しているのはどの絵か」なので，正解は①。なお，leave it は音がつながり，「リーヴィット」のように聞こえることにも注意しよう（→ 詳しくは p.11）。

 着眼点

代名詞（it, them など）や指示語（there, then など）が具体的に何を指しているかは，会話の内容を追っていく上でカギになることが多いので，集中して聞いていこう。ただし，これらは軽く発音されたり，直前の動詞などと音がつながったりすることも多く，聞き取りにくいことがあるので注意。

問 2

放送文と訳

M: Let's stay near the beach.

W: But I'd rather be near the shopping mall.

M: What about the hotel between the zoo and the mall?

W: Great, and it's across from the park.

Question: Where will they stay?

M：海岸の近くに泊まろうよ。

W：でも私はショッピングモールのそばの方がいいわ。

M：動物園とショッピングモールの間にあるホテルはどう？

W：いいわね，公園の向かいにあるわ。

質問：彼らはどこに泊まるだろうか。

選択肢のイラスト

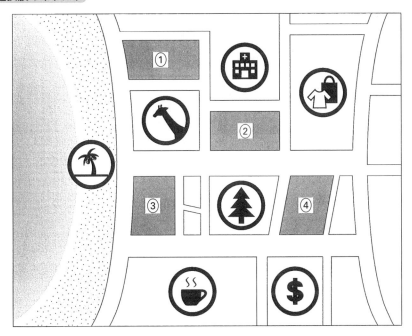

解説

ステップ1　位置関係やイラストの異なる部分に注目する！

　日本語の場面説明を踏まえて地図のイラストを見ると，「宿泊するホテルの場所を①〜④の中から選ぶ問題では」という予測ができる。

　地図中の記号を確認していくと，わかりやすい左側の海岸，真ん中上にある病院の他，キリンの絵（動物園？），コーヒーカップ（喫茶店？），ドルマーク（銀行？），シャツとバッグ（衣料品店？），木（森？　公園？）などがあることがわかる。意味がはっきりとはわからない記号もあるが，それは放送文を聞く中で明らかにしていけばよい。

宿泊するホテルについて，男性は near the beach「海岸近く」の宿泊施設（①・③）を提案するが，女性は But I'd rather be near the shopping mall.「でも私はショッピングモール（シャツとバッグの記号）のそばの方がいい」（②・④）とやんわり拒否しつつ主張している。それを受けて男性が What about the hotel between the zoo and the mall?「動物園とショッピングモールの間にあるホテルはどう？」と提案している。女性はそれに対して Great.「いいわね」と答え，さらに it's across from the park「公園（木の記号）の向かいにあるわ」と情報の追加をしているので ② で同意できているとわかる。最後の質問を聞くと，予想どおり Where will they stay?「彼らはどこに泊まるだろうか」なので，正解は ②。

 着眼点

　会話において，拒否の意思表示をする場合，常に No や Never などの明確な単語が使われるとは限らない。相手の気持ちを傷つけないようにやんわりと拒否の意思表示をすることもある。

　本問の I'd rather 〜「というよりむしろ〜したい」の他にも I'd love to, but 〜「そうできたらいいのだけど〜」などの婉曲的な表現がある。

語句

放送文

□ I'd（＝I would）rather 〜　私はむしろ〜したい，どちらかといえば〜する方がよい
□ What [How] about 〜?　〜はどうでしょうか　＊提案などのときに用いる。
□ across from 〜　〜の向かい側に

第2問は**問1**から**問4**の4問です。それぞれの問いについて，対話の場
面が日本語で書かれています。対話とそれについての問いを聞き，その答
えとして最も適切なものを，四つの選択肢（①～④）のうちから一つずつ
選びなさい。

問1 兄妹が食卓の座席について話をしています。 　1

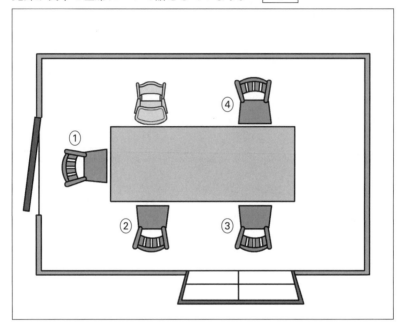

問2 夫婦がどのような自転車を買ったか話をしています。 | 2 |

①

②

③

④

問3　父と娘が不動産会社で家を探しています。　　| 3 |

①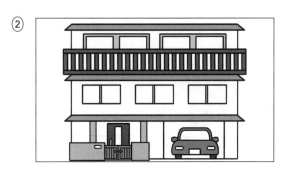

②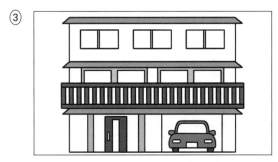

③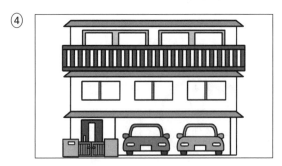

④

問 4 帰国したばかりの女性が友人と話をしています。

①

②

③

④

解答 問1 ④ 問2 ② 問3 ① 問4 ②

問1

放送文と訳

M: Shall I sit here, by the door?

W: That's where our mother will sit.

M: How about here, in front of the window?

W: The opposite side is better. You can help the baby eat.

Question: Where will the brother seat himself?

M：僕がドアのそばのここに座ろうか。

W：そこはお母さんの席よ。

M：窓の前のここはどう？

W：その向かいの方がいいわ。赤ちゃんの食事を手伝えるでしょ。

質問：兄はどこに着席するか。

選択肢のイラスト

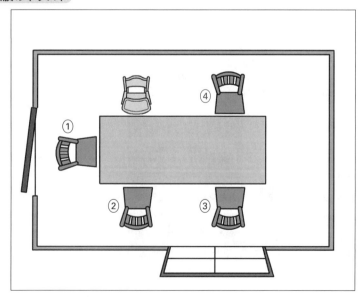

解説

ステップ1 位置関係やイラストの異なる部分に注目する！

　設定された状況は，兄と妹が食事の席について話をしているというもの。イラストを確認すると，中央にテーブルがあり，座席には番号がついている。番号つきの座席以外には「ドア」，「窓」，「赤ちゃん用のいす」の位置関係に注目しておく。放送文は**「誰がどこに座るか」**が聞き取りのポイントであろうと予測できる。

ステップ2 放送文を聞いて答える！

　まず，兄の最初の発言 Shall I sit here, by the door?「僕がドアのそばのここに座ろうか」に対し，妹は That's where our mother will sit.「そこはお母さんの席」と答えているので，兄はドアのそばの ① には座らないことがわかる。

　次に兄が How about here, in front of the window?「窓の前のここはどう？」と尋ねているのに対し，妹が The opposite side is better.「その向かいの（席の）方がいい」と答えているので兄は窓の前の ③ ではなく，その向かいの ④ に座ることがわかる。質問は Where will the brother seat himself?「兄はどこに着席するか」なので，正解は ④。

　仮に The opposite side「その向かい」という表現がわからなくても，妹が続けて You can help the baby eat.「赤ちゃんの食事を手伝える」と言っていることから，赤ちゃん用のいすの隣である ④ を勧めているとわかる。

語句

放送文

- □ Shall I 〜? 〜しましょうか。
- □ sit 動 座る（自動詞）
  - 例 He sat in the chair.「彼はそのいすに座った」
- □ in front of 〜 〜の前に
- □ opposite 形 向かい側の，反対側の
- □ seat 動 〜を座らせる（他動詞）　*cf.* seat *oneself* 座る
  - 例 He seated himself in the chair.「彼はそのいすに座った」

問2

放送文と訳

M: Which bicycle did you choose in the end?

W: Well, I looked at some with child seats but our kids are too big now.

M: You'll mostly use it for shopping, right?

W: That's right. That's why I chose one with a basket.

Question: Which bicycle did the woman choose?

M：結局，どの自転車を選んだの？

W：えーっと，チャイルドシート付きの自転車をいくつか見たんだけど，うちの子たちはもう大きくなりすぎちゃったし。

M：主に買い物に行くときに自転車を使うんだよね？

W：そうよ。そういうわけでかご付きの自転車を選んだの。

質問：女性はどの自転車を選んだか。

選択肢のイラスト

④

解説

ステップ1 位置関係やイラストの異なる部分に注目する！

　日本語の説明から，自転車の種類を問われるとわかる。選択肢のイラストを確認すると，全てに自転車が描かれているが，**かごやチャイルドシートの有無**などが異なる。①と③は「チャイルドシート」が付いていることは共通しているが，その位置が異なる。①は「後ろ」で③は「前」である。②の自転車は「大きなかご」が付いている。④は「スポーツサイクル」である。

ステップ2 放送文を聞いて答える！

　放送文では，まず「結局，どの自転車を選んだの？」という夫の問いかけに対し，妻が I looked at some (bicycles) with child seats but our kids are too big now. 「チャイルドシート付きの自転車をいくつか見たんだけど，うちの子どもたちは（チャイルドシートに対して）もう大きくなりすぎている」と答えている。この時点で明言はしていないものの，この部分から，女性は「チャイルドシート付き自転車」は選ばないであろうことがわかる。

　次に，夫は You'll mostly use it for shopping, right? 「主に買い物に行くときに自転車を使うんだよね？」と発言し，これに対し妻は That's right. 「そうよ」と答え，続けて That's why I chose one with a basket. 「そういうわけでかご付きの自転車を選んだの」と述べている。

　その後に続く質問を聞くと，Which bicycle did the woman choose? 「女性はどの自転車を選んだか」なので，チャイルドシートが付いておらず，買ったものを入れられる大きなかご付きの自転車である②が正解。

❖誤答分析❖

　「チャイルドシート付き自転車」は選ばないので，①と③は不適。④のようなスポーツサイクルに関しては言及がないので不適。

本問の but our kids are too big now「うちの子どもたちはもう大きくなりすぎている」という女性の発言は，会話の流れを考えれば「チャイルドシート付き自転車は不要」ということになり，これを読み取れるかどうかがカギとなっている。

このように，会話中ではっきりとは述べられていないが，会話の流れからその意図を読み取ることが必要な場合があるので注意しよう。

語句

放送文

☐ in the end 結局

☐ mostly 副 主に

問3

放送文と訳

W: This house is perfect for us. I love the second-floor balcony.

M: I agree. The garage will fit both our cars, too.

W: We'll have to put in a gate ourselves, though.

M: That's not a problem.

Question: Which house are they looking at?

W：この家は私たちにとって完璧ね。2階のバルコニーがとても気に入ったわ。

M：そうだね。それにガレージは私たちの車が2台とも収まるだろうね。

W：でも，門は私たちで取り付けないと。

M：それは問題ないよ。

質問：彼らはどの家を見ているか。

選択肢のイラスト

①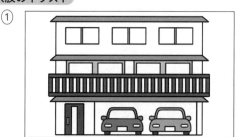

②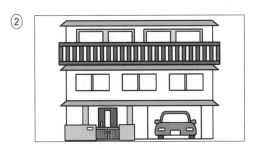

③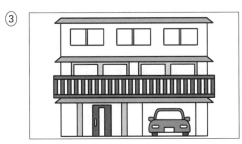

④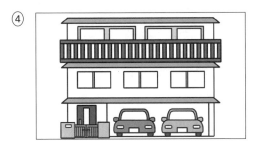

解説

ステップ1 位置関係やイラストの異なる部分に注目する！

　日本語の場面説明を踏まえてイラストを見ると，さまざまな家が並んでいるので，「2人が見ているのはどの家か」や「2人が気に入ったのはどの家か」などが質問になりそうだと予測できる。

　イラストの異なる部分に注目すると，**「バルコニーが何階にあるか」「駐車場の広さ」「門の有無」**の3つが聞き取りのポイントになるとわかる。① は「2階にバルコニー／駐車場は車2台分／門なし」，② は「3階にバルコニー／駐車場は車1台分／門あり」，③ は「2階にバルコニー／駐車場は車1台分／門なし」，④ は「3階にバルコニー／駐車場は車2台分／門あり」である。これら3つに注意して放送文を聞こう。

　娘は最初の発言で I love the second-floor balcony. 「2 階のバルコニーがとても気に入った」と言っている。また，父親は The garage will fit both our cars「ガレージは私たちの車が2台とも収まる」と述べている。さらに娘が We'll have to put in a gate ourselves「門は私たちで取り付けないと」と述べているので門は付いていないことがわかる。

　最後の質問を聞くと Which house are they looking at? 「彼らはどの家を見ているか」なので，3 つ全ての条件に当てはまる ① が正解。

❖誤答分析❖

　ガレージに車が 1 台しか駐車できないので ② と ③ は不適。門が設置されているので ④ も不適である。

語句

放送文

☐ fit 動 ～を収める，～がぴったり合う

☐ put in ～ （設備など）を取り付ける

問 4

放送文と訳

M: Did you do much sightseeing during your years abroad?

W: I was too busy working at a café.

M: Oh, I thought you were traveling and studying English.

W: I learned English on the job!

Question: What did the woman do while she was abroad?

M：外国にいる間はたくさん観光した？

W：カフェでの仕事が忙しすぎたわ。

M：おや，てっきり君は旅行をして英語を勉強していたのかと思っていたよ。

W：仕事で英語を身につけたのよ！

質問：外国にいる間，女性は何をしたか。

①

②

③

④

ステップ1 位置関係やイラストの異なる部分に注目する！

　日本語の場面説明を踏まえて4つの選択肢を見ると，女性がそれぞれ異なる行動をしているので，これがポイントになるとわかる。①は「学校で勉強している」，②は「カフェで働いている」，③は「観光をしている」，④は「オフィスでデスクワークをしている」。女性が**「何をしたか」**という点に気をつけて放送文を聞いていこう。

ステップ2 放送文を聞いて答える！

　まず，友人の男性の Did you do much sightseeing during your years abroad? 「外国にいる間はたくさん観光した？」という問いかけに対して，女性は I was too busy working at a café. 「カフェでの仕事が忙しすぎた」と答えている。よって，女性は観光はしておらず，カフェで働いていたことがわかる。

　さらに友人の I thought you were traveling and studying English「旅行をして英語を勉強していたのかと思っていた」に対し，女性は I learned English on the job!「仕事で英語を身につけたのよ！」と答えている。

　質問は What did the woman do while she was abroad?「外国にいる間，女性は何をしたか」なので，②が正解。

❖誤答分析❖

女性は仕事で英語を身につけたので①は誤り。また観光も旅行もしなかったので，③も誤り。④は仕事をしているが，場所がカフェではないので誤り。

語句

放送文

□ sightseeing 图 観光
□ be busy (in) ～*ing* ～するのに忙しい

位置や方向を表す表現

　共通テストのリスニング問題では，地図や部屋の中の図などを見て，場所を答える問題が出題されることがある。こういった問題では放送文中に位置関係を表す語句が出てくることが多い。方向を表す表現も一緒に確認しておこう。

📍「前」「後ろ」「向かい」などの位置を表す表現

- **in front of ～** 「～の前に」
  - 例 The bus stop is **in front of** the post office.
    そのバス停は郵便局の前にある。

- **in back of ～ ＝ at the back of ～ ＝ behind ～** 「～の後ろに」
  - 例 There is a garden **at the back of** the house.
    その家の後ろには庭がある。

- **in the back of ～** 「～の後方部に」⇔ **in the front of ～** 「～の前方部に」
  ＊ the が付くと「～（ある場所の中）の後方部［前方部］に」という意味になる。
  - 例 They all sat **in the back of**[**in the front of**] the bus.
    彼らは皆，バスの後方部に［前方部に］座った。

  （参考） **back and forth** 「行ったり来たり」
  - 例 The professor always goes **back and forth** in the classroom during a lecture.
    その教授は講義中，いつも教室内を行ったり来たりする。
  ＊「前と後ろ」という具体的な位置を表す表現ではない（左右を表すこともある）ので注意。

- **across from ～** 「～の向かいに」
  - 例 The office building is **across from** the station.
    社屋は駅の向かいにある。

- **opposite ～** 「～の反対［向こう側］に」
  - 例 He sat **opposite** me.
    彼は私と向かい合って座った。

- **diagonally opposite 〜** 「〜の斜め向かいに」
  - 例 He sat **diagonally opposite** Mary.
    彼はメアリーの斜め向かいに座った。

📍「近くに」「そばに」「並んで」などの位置を表す表現

- **near 〜** 「(漠然と) 〜の近くに」／ **nearby ＋ 名詞** 「近くの〜」
  - 例 My house is **near** the station.
    私の家は駅のそばにある。
    ＊〈冠詞 (a / the) ＋ near ＋ 名詞〉は不可。名詞を修飾する際は，〈冠詞 ＋ nearby ＋ 名詞〉を用いる。
  - 例 You have to go to **a nearby** hospital.
    君は近くの病院に行かなくてはいけない。
    ＊〈the nearest ＋ 名詞〉は可能。
  - 例 Here is **the nearest** station.
    ここが最寄駅だ (最寄駅に着いたぞ)。

- **by 〜** 「〜のそばに」
  - ＊near よりもさらに近いニュアンス。
  - 例 She stood **by** the door.
    彼女はドアのそばに立っていた。

- **beside 〜** 「〜の横に，〜と並んで」
  - 例 I sat down **beside** her.
    私は彼女の隣に座った。

📍「〜を横切って，〜に沿って，〜を通って」の位置や運動の方向を表す表現

- **across 〜** 「〜を横切って，横断して」
  - 例 I walked **across** the street.
    私は通りを横断した。

- **along 〜** 「〜に沿って」
  - 例 I walked **along** the street.
    私は通りに沿って歩いた。

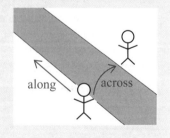

- **through ～**「～を通り抜けて」

  ㊺ I usually go **through** the park to school.

  私は普段，その公園を通り抜けて登校する。

  The river runs **through** the center of our city.

  その川は私が住む街の真ん中を通って流れている。

📍 方向を表す表現

- **bound for ～**「（電車など）～行き」

  ＊途中停車駅もあるが，最終的な目的地は～というニュアンス。

  ㊺ This train is **bound for** Tokyo.

  この列車は東京行きです。

  ＊終点は東京だが途中停車駅がある。

  cf. This train goes to Tokyo.

  ＊東京駅までノンストップで向かうイメージ。

- **go to ～**「～へ向かう」

  ＊～のある方向へ一直線に向かうイメージ。

  ㊺ She **went to** the door.

  彼女はドアへ向かった。

- **go toward(s) ～**「～の方へ向かう」

  ＊大まかな方向を表す。

  ㊺ She went **toward** the door.

  彼女はドアの方へ向かった。

- **turn right[left]**「右折［左折］する」

  ㊺ **Turn right** at the corner, and you'll see the post office.

  その角を右折すれば，郵便局がありますよ。

- **take a turn to ～（方向）**「～へ曲がる」

  ㊺ We **took a turn to** the right.

  私たちは右に曲がった。

  ＊take a turn は「方向転換する」という意味。

- **go down the street[the road]** 「通り［道路］をまっすぐ進む」
  - 例 If you **go down this street**, you'll see the post office on the right, opposite to the X Bank.

    この道をまっすぐ行くと，右手に郵便局が見えます。X 銀行の向かいです。

    Because of roadwork ahead, you cannot **go down**. Make a detour, please.

    この先で道路工事をしておりますので，直進できません。迂回してください。

    ＊ make a detour「迂回する」

- **dead end** 「行き止まり」
  - 例 I found that the road came to a **dead end**.

    この道は行き止まりだった。

- **upstairs** 「上の階に」／ **downstairs** 「下の階に」
  - 例 She went **upstairs**[**downstairs**].

    彼女は上の階［下の階］に行った。

コラム floor「階」を表す米国式と英国式の表現の違い

米国式では 1 階は the first floor，2 階は the second floor ... だが，

英国式では 1 階は the ground floor，2 階は the first floor ... のように，1 つずれることに注意。

	英国式	米国式
1 階	the ground floor	the first floor
2 階	the first floor	the second floor
3 階	the second floor	the third floor

例 The toy section is on the third floor, sir.

おもちゃ売り場は 3 階です。

＊ 英国式だと，地上の階から数えて 4 番目の階層を指す。

例 "Which floor are you going to?" "23rd, please." （in an elevator）

「何階ですか？」「23 階をお願いします」（エレベーター内で）

＊「エレベーター」は米国式では an elevator，英国式では a lift という。

第3問

短い対話② 質問選択

設問数	6問
マーク数	6つ
配点	18点
放送回数	1回

難易度：★ ★ ☆

GUIDANCE 日本語で示されている場面の対話を聞き，英語の質問に対して最も適切な選択肢を選ぶ問題。小問数は全部で 6 問。1 問当たりの発話数は 3 〜 7 程度で，比較的発言が長めなものもある。質問は，対話の主旨，つまり全体で何を話しているかをしっかり捉えられなければ答えられないものが多い。対話の放送回数は 1 回のみである。

例 題

それぞれの問いについて，対話の場面が日本語で書かれています。対話を聞き，問いの答えとして最も適切なものを，四つの選択肢（①〜④）のうちから一つずつ選びなさい。（問いの英文は書かれています。）

◀€ 07

問1　友人同士が将来のことについて話をしています。

What do both friends plan to do?　1

① Look for jobs abroad
② Save money to travel
③ Work to earn money
④ Write for a magazine

（共通テスト）

問2　カフェで Jane が Mike と話をしています。

Which is true according to the conversation?　2

① Jane and Mike graduated four years ago.
② Jane and Mike were classmates before.
③ Jane had difficulty recognizing Mike.
④ Mike's hairstyle has changed a little.

（共通テスト）

問3 大学生が授業で使うテキストについて話をしています。

What does the girl need to do after this? 3

① Ask Peter to lend her his textbook

② Contact Alex to ask for the book

③ Find another way to get the textbook

④ Take the same course once again

（共通テスト）

問題の解き方

ステップ 1 質問文を読み，放送文に備える！

　対話が放送される前に，日本語で書かれた対話の状況を踏まえて，まず英語の質問に目を通す。何が問われているのかをよく頭に入れて放送文に備えよう。選択肢は余裕があれば目を通してもいいが，4 つのうち 3 つが間違った内容であることを意識するようにしたい。

ステップ 2 質問で問われていることを意識しながら聞く！

　放送文を聞くときは，質問で問われていることを意識しながら聞いていこう。また，よく問われる「会話の論点」は，特に見失わないよう注意しよう。

解答　問 1　③　　問 2　②　　問 3　③

問 1

放送文と訳

M: What would you like to do after graduation?

W: Travel! But first I'm going to deliver newspapers until I save enough to go around the world. And you?

M: I want to be a famous writer someday, but right now, I need money, too. Maybe I can work for a magazine!

M：卒業したら何をしたい？

W：旅行！　でもまずは新聞配達をして世界を旅するのに十分なお金を貯めるつもりよ。あなたは？

M：いつか有名な作家になりたいけど，目下僕もお金が必要だ。ひょっとしたら，雑誌の仕事ができるかも！

質問文・選択肢と訳

What do both friends plan to do?

① Look for jobs abroad

---

② Save money to travel

③ Work to earn money

④ Write for a magazine

質問：友人の 2 人は何をしようとしているか。

① 海外で職を探す

② 旅行をするために貯金する

③ お金を稼ぐために働く

④ 雑誌に原稿を書く

解説

ステップ1 質問文を読み，放送文に備える！

　状況設定は「友人同士が将来のことについて話をしている」とあり，これを踏まえて質問を読む。質問には both friends「友人の 2 人」とあるので，**「将来何をしようとしているのか」**について**「2 人に共通すること」**を聞き取るよう注意する。選択肢もざっと読んでおくとよい。

ステップ2 質問で問われていることを意識しながら聞く！

　放送文において，女性は I'm going to deliver newspapers until I save enough to go around the world「新聞配達をして世界を旅するのに十分なお金を貯めるつもり」と言っている。それに対し男性も I need money, too. Maybe I can work for a magazine!「僕もお金が必要だ。ひょっとしたら，雑誌の仕事ができるかもしれない」と応じている。つまり，2 人が共通して予定しているのは，③「お金を稼ぐために働く」ことである。女性の発言中の save「貯金する」が money「お金」という単語を用いずに表現されていることに注意しよう。

❖誤答分析❖

　①はそのような言及はない。②は女性だけに当てはまること，④は男性だけに当てはまることなのでいずれも誤り。質問されている意味をきちんと考えずに，save, money, travel, for a magazine など，対話文中に出てきた表現だからという理由だけで，これらを選ばないようにしたい。

 着眼点

　対話文中に出てきた単語が，選択肢に含まれているからといって必ずしもそれが正解とは限らない。あくまで意味の上で正しいものを選ぶようにしよう。

放送文

☐ deliver 動 〜を配達する
☐ right now 現時点では

問 2

放送文と訳

W: You're Mike Smith, aren't you?
M: Hey, Jane Adams, right?
W: Yes! I haven't seen you for ages.
M: Wasn't it five years ago, when our class graduated?
W: Yes, almost six.
M: Well, I'm glad you recognized me. I haven't changed?
W: No, I recognized you immediately. You haven't changed your hairstyle at all.

W：マイク・スミスだよね？
M：おや，ジェーン・アダムスじゃない？
W：そうよ！　久しぶりね。
M：卒業した 5 年前以来じゃない？
W：そうね，もうすぐ 6 年になるわ。
M：そっかぁ，気づいてくれてうれしいよ。変わってないでしょ？
W：うん，すぐわかったわ。髪型も全然変わってないよね。

質問文・選択肢と訳

Which is true according to the conversation?
　① Jane and Mike graduated four years ago.
　② Jane and Mike were classmates before.
　③ Jane had difficulty recognizing Mike.
　④ Mike's hairstyle has changed a little.
質問：この会話によるとどれが正しいか。
　① ジェーンとマイクは 4 年前に卒業した。
　② ジェーンとマイクは以前クラスメイトだった。
　③ ジェーンはマイクに気づくのに苦労した。
　④ マイクの髪型は少し変わっていた。

解説

ステップ 1　質問文を読み，放送文に備える！

　状況はカフェでの会話。質問は Which is true according to the conversation? なので，「会話から正しいと考えられる選択肢」を選ぶことになる。このタイプの問題は質問に放送文に関する情報が含まれていないため，選択肢をよりきちんと読んで，放送文を聞くときのポイントをチェックしておく必要がある。

ステップ 2　質問で問われていることを意識しながら聞く！

　放送文における Mike の Wasn't it five years ago, when our class graduated?「（僕らのクラスが）卒業した 5 年前以来じゃない？」という発言の our class という部分から，Jane と Mike は同じクラスだったことがわかる。この部分と ② の内容が一致する。

❖誤答分析❖

　① は「4 年前」という点が不適。また Mike の I haven't changed?「変わってないでしょ？」という問いかけに対し，Jane が No, I recognized you immediately.「うん。すぐわかったわ」と答えているので，③ は不適。さらに同じ文で，Jane が You haven't changed your hairstyle at all.「髪型も全然変わっていない」と言っているので ④ も不適。

　着眼点

　会話中に否定形の疑問文とその回答が出てきたときに，英語の場合，「はい」と「いいえ」の答え方が日本語と逆になるせいで，回答が肯定か否定かが，ぱっとわからない人もいるかもしれない。これを理解するコツは，答えの意味が肯定か否定かを考えることだ。疑問文・否定疑問文にかかわらず，答えが肯定なら Yes，否定なら No を使う（→ 詳しくは p.102）。

（例）Aren't you a student?「学生じゃないですよね？」
　　— Yes, I am.「いいえ，学生です」（**肯定の内容なので Yes**）
　　— No, I'm not.「はい，学生ではありません」（**否定の内容なので No**）

語句

選択肢

☐ have difficulty (in) 〜*ing* 〜するのに苦労する

□ almost 圖 もう少しで（＝ nearly）

□ recognize 圗 〜を識別できる

問 3

放送文と訳

W: The textbook is sold out at the bookstore. Do you know where I can get one?

M: Actually, I didn't buy mine. I got it from Peter. He took the same course last year.

W: So, who else took that course?

M: Alex!

W: Yeah, but I know he gave his book to his sister.

W：教科書が書店で売り切れだわ。どこで入手できるか知ってる？

M：実は僕は買っていないんだ。教科書はピーターからもらった。去年彼は同じ授業を取っていたんだ。

W：それじゃ，誰か他に授業を取っていた人いる？

M：アレックス！

W：そうね，でも彼は教科書を妹にあげちゃったらしいの。

質問文・選択肢と訳

What does the girl need to do after this?

① Ask Peter to lend her his textbook

② Contact Alex to ask for the book

③ Find another way to get the textbook

④ Take the same course once again

質問：この後女子学生は何をする必要があるか。

① ピーターに教科書を貸してくれるようお願いする

② 教科書を譲ってもらう件でアレックスに連絡を取る

③ 教科書を入手する別の方法を探す

④ もう一度同じ授業を取る

解説

ステップ 1 質問文を読み，放送文に備える！

大学生が授業（the course）で使用する教科書（テキスト）について話をしてい

るという状況設定。質問は What does the girl need to do after this?「この後女子学生は何をする必要があるか」なので，放送文から彼女がすべき「今後の行動」を推測しなければならない。

　選択肢を見ると，教科書に関して一切言及がないのは④。それ以外の選択肢は，教科書を貸してもらったり（①），譲ってもらったり（②），入手する別の方法を探したり（③），ということなので，**「教科書をどのように手に入れるのか」**が聞き取りのポイントであると予測できる。

ステップ2　質問で問われていることを意識しながら聞く！

　放送文の最初に女子学生は教科書が書店で売り切れ（sold out）だと言い，Do you know where I can get one?「どこで入手できるか知ってる？」と尋ねているので，やはり教科書の入手方法が話題の中心であることがわかる。

　男子学生の最初の発言 I got it(= the textbook) from Peter. から，「男子学生はPeter から教科書をもらった」ということがわかる。また，女子学生の2～3番目の発言から，「同じ授業を取った Alex は教科書を持っていたが，妹に譲った」ということがわかる。教科書について会話からわかる情報はこれだけで，「教科書を入手する方法」は具体的には明らかになっていない。以上を踏まえると，会話後の女子学生の行動は，③**「教科書を入手する別の方法を探す」**である。

❖誤答分析❖

　Peter は教科書を男子学生にあげてしまったので①は不適。また，女子学生は，すでに Alex が妹に教科書を譲ったことを知っているため，②も不適。④については，男子学生の最初の発言に含まれる表現（took the same course）を用いただけの，言わばひっかけの選択肢で，女子学生が今後とる行動としてこのような推測は成り立たない。

　着眼点

　放送文の対話を聞いた上でその後に起こることを推測する問題は，会話の内容全体をきちんと理解できていなければ答えることが難しい。すでに起こったことと，これから起こりそうなことをきちんと区別することが重要である。

語句

放送文

☐ be sold out　売り切れである

第3問は**問1**から**問6**の6問です。それぞれの問いについて，対話の場面が日本語で書かれています。対話を聞き，問いの答えとして最も適切なものを，四つの選択肢（①〜④）のうちから一つずつ選びなさい。（問いの英文は書かれています。） 08

問1 夫婦がデパートで洋服について話をしています。

What is the man going to buy? ☐ 1 ☐
① A blue T-shirt and black jeans
② A gray sweater and a blue T-shirt
③ A gray sweater and a long-sleeved shirt
④ A long-sleeved shirt and black jeans

問2 女性が観光案内所のスタッフと話をしています。

Where will the family go? ☐ 2 ☐
① The art gallery
② The history museum
③ The science museum
④ The toy museum

問3 友人同士が旅行について話をしています。

What does the man say about his vacation? ☐ 3 ☐
① He didn't enjoy driving.
② He experienced the culture.
③ He prefers to stay at a resort.
④ He wanted to relax more.

問4 友人同士が今終わった試験について話をしています。

What do the friends agree about? ☐ 4

① The exam was not too difficult.
② The first question was difficult.
③ The whole exam was very hard.
④ They should have practiced in class.

問5 友人同士が待ち合わせをしています。

Which is true according to the conversation? ☐ 5

① The man misunderstood the meeting time.
② The man was still sleeping when the woman called.
③ The woman forgot to tell the man the meeting time.
④ The woman will wait for the man at the station.

問6 家で父親と娘が話をしています。

What is Cathy likely to do after this conversation? ☐ 6

① Go to school in the afternoon
② Make a phone call
③ Give a presentation
④ Go to the hospital

解答 問1 ④   問2 ③   問3 ②   問4 ②   問5 ①
問6 ②

問1

放送文と訳

W: Both the blue T-shirt and the black jeans suit you.

M: I want the jeans, but I already have so many blue T-shirts.

W: This gray sweater is nice and it matches the jeans well.

M: Wait! These long-sleeved shirts are 50% off.

W: And they have your size!

M: Perfect!

W：青いTシャツも黒いジーンズもどちらも似合っているわよ。

M：このジーンズは欲しいけど，青いTシャツはすでにたくさん持っているからなぁ。

W：このグレーのセーターはすてきで，そのジーンズによく合っているわ。

M：待って！　これらの長袖のシャツは50パーセント引きだよ。

W：それにあなたのサイズもあるわ！

M：すばらしい！

質問・選択肢と訳

What is the man going to buy?

① A blue T-shirt and black jeans

② A gray sweater and a blue T-shirt

③ A gray sweater and a long-sleeved shirt

④ A long-sleeved shirt and black jeans

質問：男性は何を買うつもりか。

① 青いTシャツと黒のジーンズ

② グレーのセーターと青いTシャツ

③ グレーのセーターと長袖のシャツ

④ 長袖のシャツと黒のジーンズ

解説

ステップ1 質問文を読み，放送文に備える！

　状況設定は「夫婦がデパートで洋服について話をしている」で，質問は What is the man going to buy?「男性は何を買うつもりか」である。

　選択肢を見ると a blue T-shirt「青い T シャツ」，black jeans「黒いジーンズ」，a gray sweater「グレーのセーター」，a long-sleeved shirt「長袖のシャツ」という4つのアイテムが，それぞれ2つずつ示されている。よって，この中から夫が買おうとしているものに注意して放送文を聞けばよい。

ステップ2 質問で問われていることを意識しながら聞く！

　妻に青い T シャツと黒いジーンズを勧められた夫が，I want the jeans「このジーンズは欲しい」と言っているので，ジーンズは購入意思があると考えられる。しかし，続けて I already have so many blue T-shirts「青い T シャツはすでにたくさん持っている」と答えているので，青い T シャツは購入するつもりはなさそうである。

　次に，This gray sweater is nice「このグレーのセーターはすてきだ」という妻の発言に対し夫は反応せず，話はお買い得商品の長袖のシャツに移る。妻の And they have your size!「それにあなたのサイズもあるわ！」に対して夫は Perfect!「すばらしい！」と応じているので，夫は長袖のシャツも購入すると考えられる。以上より，夫が購入するであろうものは**黒いジーンズと長袖のシャツの組み合わせ**なので，④ が正解。

語句

選択肢

- [ ] long-sleeved 形 長袖の　*cf.* short-sleeved 半袖の
- [ ] sleeve 名 袖

放送文

- [ ] suit 動 （色・服などが）～に似合う
- [ ] match 動 （色などが）～とよく合う

問2

W: My family and I would like to visit a museum today.

M: Well, the art gallery and the history museum are great, but they may be a little boring for kids.

W: How about the toy museum?

M: The toy museum is closed today. The science museum is fun but it's quite far from here.

W: That's fine! We have a car, so distance is no problem at all.

W：家族で今日美術館に出かけたいのですが。

M：ええと，美術館や歴史博物館はすばらしいのですが，お子様には少々退屈かもしれません。

W：おもちゃ博物館はどうですか。

M：おもちゃ博物館は本日閉館しています。科学博物館は楽しめますが，ここからは結構遠いです。

W：かまいません！　車があるので距離は全く問題になりません。

質問・選択肢と訳

Where will the family go?

① The art gallery
② The history museum
③ The science museum
④ The toy museum

質問：この家族はどこに行くだろうか。

① 美術館
② 歴史博物館
③ 科学博物館
④ おもちゃ博物館

解説

ステップ1 質問文を読み，放送文に備える！

　状況は観光案内所でのスタッフとある女性の会話である。質問は「この家族はどこに行くだろうか」で，選択肢には行き先が並んでいるので，これらに注意して放送文を聞く。

　まず最初に聞こえてくる the art gallery「美術館」と the history museum「歴史博物館」に関しては，観光案内所スタッフが they may be a little boring for kids「それらはお子様には少々退屈かもしれません」と述べている。それを受けて女性は，How about the toy museum?「おもちゃ博物館はどうですか」と尋ねているので，この時点で美術館と歴史博物館に家族が行くことはないと考えられる。よって，①と②は誤りとわかる。

　the toy museum「おもちゃ博物館」についてはスタッフが，The toy museum is closed today.「おもちゃ博物館は本日閉館している」と言っているので，おもちゃ博物館も行き先ではない。よって，④も不適。スタッフは続けて the science museum を勧めるが，ここから遠いと説明する。それに対して女性は，車を持っていることを述べ，続けて distance is no problem at all「距離は全く問題にならない」と答えているので③が正解。

語句

選択肢
- [ ] gallery 图 美術館，美術展示室
- [ ] museum 图 博物館，美術館（= art museum）

放送文
- [ ] boring 厖 退屈な
- [ ] How about ～?（= What about ～?）～はどうですか。
- [ ] quite 副 かなり，結構

問 3

放送文と訳

W: How was your trip to Spain, George?

M: Well, I don't usually like resort vacations but this time was different. We rented a car and took several trips to local towns.

W: Oh, did you? It seems so busy to me. Did you have fun there?

M: I prefer experiencing culture and local food to relaxing on a beach.

W: I see. Anyway, I'm glad you had a good time.

W：スペイン旅行はどうだった，ジョージ？

M：そうだね，普段はリゾート地で過ごす休暇はあまり好きじゃないんだけど，今回は違った。レンタカーを借りて地方の町へ何回か行ったよ。

W：あら，本当？　慌ただしそうね。そこでは楽しく過ごせた？

M：ビーチでくつろぐより，文化やその土地の食べ物を体験する方が好きなんだ。

W：なるほど。とにかくあなたが楽しめてよかったわ。

What does the man say about his vacation?

  ① He didn't enjoy driving.

  ② He experienced the culture.

  ③ He prefers to stay at a resort.

  ④ He wanted to relax more.

質問：男性は自分の休暇に関して何と言っているか。

  ① 彼はドライブを楽しまなかった。

  ② 彼は文化を体験した。

  ③ 彼はリゾート地に滞在する方を好む。

  ④ 彼はもっとくつろぎたかった。

解説

ステップ1 質問文を読み，放送文に備える！

　状況設定は「友人同士が旅行について話をしている」というもの。質問は「男性は自分の休暇に関して何と言っているか」なので，男性の発言に注意して放送文を聞く。

　選択肢の意味を確認するときに注意しておきたいのは**動詞の時制**で，現在形（③）と過去形（①，②，④）が混ざっている。③ He prefers to stay at a resort. は現在形なので，彼が今回の休暇だけでなく<u>一般的に</u>リゾートで過ごすのが好きだということを示している。それ以外の選択肢はどれも過去形なので，今回の休暇に関してのことだと考えられる。

ステップ2 質問で問われていることを意識しながら聞く！

　男性は最初の発言で I don't usually like resort vacations「普段はリゾート地で過ごす休暇はあまり好きではない」と言いつつ, but this time was different「しかし今回は違った」と言っている。つまり，「今回は普段とは異なりリゾート地で休暇を過ごした」というわけである。このように **usually 〜 but ...**「普段は〜だが，しかし…」という対応関係が出てきたときは **but** 以下に強調したい内容があることに注意しよう（→ 詳しくは p.164）。

　続けて男性は「レンタカーを借りて地方の町へ何回か行った」と述べている。

この発言に対し，女性が「慌ただしそうだけど，楽しく過ごせたか」と男性に尋ねると，男性は I prefer experiencing culture and local food to relaxing on a beach.「ビーチでくつろぐより，文化やその土地の食べ物を体験する方が好きだ」と答えているので，男性が文化（やその土地の食べ物）を楽しんだことがわかる。よって，正解は ②。

prefer *A* to *B*「*B* よりも *A* を好む」の表現に注意。prefer が聞こえきたら，その後に to 〜と比較対象になるものが続くことを予想しよう。

❖誤答分析❖

男性の最初の発言で「普段はリゾート地で過ごす休暇はあまり好きではない」と言っているので，③ は不適。2 番目の発言の「ビーチでくつろぐより，文化やその土地の食べ物を体験する方が好きだ」から ④ も不適。また，レンタカーを借りたとは言っているが，ドライブを楽しんだかどうかに関しては言及していないので，① も不適である。

語句

選択肢

☐ resort 图 リゾート地
☐ relax 動 くつろぐ

放送文

☐ rent 動 〜を有料で借りる
☐ prefer *A* to *B* *B* よりも *A* を好む
☐ anyway 副 とにかく，いずれにせよ

問 4

放送文と訳

M: That exam was really hard, wasn't it?

W: Not really, apart from the first question, it wasn't as difficult as I had expected.

M: Are you serious? I couldn't answer any of the other questions well, either.

W: Really? We practiced all the rest in class, don't you remember?

M: I guess I must have slept through those classes!

M：あの試験は本当に難しかったよね？

W：いや特に，第 1 問は別として，予想していたよりも難しくなかったわ。

M：本気？　僕は第１問以外も全然できなかったよ。

W：そうなの？　第１問以外の残りの全ての問題は授業でやったよ，覚えてない？

M：僕はそれらの授業中ずっと寝ていたに違いない！

質問・選択肢と訳

What do the friends agree about?

① The exam was not too difficult.

② The first question was difficult.

③ The whole exam was very hard.

④ They should have practiced in class.

質問：友人同士は何について意見が一致しているか。

① 試験はそれほど難しくなかった。

② 第１問は難しかった。

③ 試験全部がとても難しかった。

④ ２人は授業で演習しておくべきだった。

解説

ステップ1 質問文を読み，放送文に備える！

　状況設定は「友人同士が今終わった試験について話をしている」で，質問は「友人同士は何について意見が一致しているか」である。選択肢が意見が一致している内容になることを確認し，目を通しておく。

　選択肢を見てみると，①「試験はそれほど難しくなかった」，②「第１問は難しかった」，③「試験は全部がとても難しかった」，④は「授業で演習しておくべきだった」である。**試験問題の感想に関してそれぞれが何を言っているのかに注意して放送文を聞こう。**

ステップ2 質問で問われていることを意識しながら聞く！

　男性が最初の発言で That exam was really hard, wasn't it? 「あの試験は本当に難しかったよね？」と言っているので，男性の感想は「試験全部が難しかった」である。それに対して女性は Not really, apart from the first question, it wasn't as difficult as I had expected. 「いや特に，第１問は別として，予想していたよりも難しくなかった」と応じているので，女性は「第１問は難しかったが，他はそうではない」と思っていることがわかる。このことから２人の意見が一致しているのは**「試験の第１問が難しかった」**であり，②が正解。

①は男性の最初の発言から誤り。③は女性の最初の発言「第1問以外は難しく
なかった」に反するので不適。また，試験の内容について，女性は2番目の発言で
We practiced all the rest in class「残りの全ての問題は授業でやった」と言っている
ことから，女性は授業中に問題をきちんと演習しているとわかるので，④は不適。

語句

選択肢
☐ whole 形 全体の，全〜

放送文
☐ apart from 〜 〜は別として
☐ rest 图 残り，その他のもの
☐ must have＋過去分詞 〜したに違いない

 着眼点

会話文では付加疑問文が登場することがよくある。本問では
That exam was really hard, wasn't it?「あの試験は本当に難しかったよね？」
が付加疑問文である。付加疑問文とは，「〜だよね？」と念を押したり，確認し
たりする際に使われる表現だが，付加疑問文に Yes / No で答える場合は，否定
疑問文と同様に，答えの内容が肯定か否定かで考える。答えが肯定なら Yes，
否定なら No である（→ 詳しくは p.102）。

問5

放送文と訳

W: Where are you?

M: What do you mean? I'm at home getting ready to leave.

W: You're still at home? We were supposed to meet at the station at 10:30.
Didn't I tell you the last time we met?

M: 10:30? I thought you said 11:30.

W: We arrive at 11:30. So, we have to catch the 10:45 train to be on time.

M: Sorry. Go ahead without me. I'll catch the first train I can.

W：どこにいるの？

M：どういうこと？　今家にいて，出かける準備をしているところだよ。

W：まだ家にいるの？　10時30分に駅で待ち合わせだったよね。最後に会ったときに言わなかった？

M：10時30分だって？　11時30分と言ったと思っていたよ。

W：11時30分に着くのよ。だから時間どおり着くためには10時45分の電車に乗らなきゃならないの。

M：ごめん。僕を待たずに先に行って。僕は乗れる最初の電車に乗るから。

質問・選択肢と訳

Which is true according to the conversation?
- ① The man misunderstood the meeting time.
- ② The man was still sleeping when the woman called.
- ③ The woman forgot to tell the man the meeting time.
- ④ The woman will wait for the man at the station.

質問：この会話によるとどれが正しいか。
- ① 男性は集合時刻を勘違いしていた。
- ② 女性が電話したとき男性はまだ寝ていた。
- ③ 女性は男性に集合時刻を伝えることを忘れた。
- ④ 女性は駅で男性を待つつもりだ。

解説

ステップ1 質問文を読み，放送文に備える！

　状況設定は「友人同士が待ち合わせをしている」というもの。質問は Which is true according to the conversation?「この会話によるとどれが正しいか」で，このタイプの問題は質問に放送文に関する情報が含まれていないため，選択肢を注意して読み，できる限り推測をした上で放送文を聞くとよい。選択肢の，the meeting time「集合時刻」，the station「駅」，called「電話した」などの語句から，「待ち合わせに遅れた男性を女性が駅で待っている」といった状況なのではないかと推測できる。

ステップ2 質問で問われていることを意識しながら聞く！

　女性が2番目の発言で待ち合わせ時刻に関して，Didn't I tell you the last time we met?「最後に会ったときに言わなかった？」と尋ねたのに対し，男性は 10:30? I thought you said 11:30.「10時30分だって？　11時30分と言ったと思っていた」と答えている。女性がそれに対して，男性がどう勘違いしていたかを告げると，男性は自分の間違いを認めて謝っているので，男性が待ち合わせ時刻を勘違

いしていたことがわかる。よって，正解は ①。

❖誤答分析❖

女性の電話に対して，男性は「今家にいて，出かける準備をしているところだ」と言っており，男性はすでに起きていたので，② は不適。男性の 2 番目の発言 I thought you said 11:30.「11 時 30 分と言ったと思っていた」より，③ も不適。10 時 45 分の電車に乗る必要があるという女性に対し，最後に男性が Go ahead without me.「僕を待たずに先に行って」と言っているので，④ も不適。

第3問

語句

放送文

☐ get ready to *do* ～する準備をする

☐ be supposed to *do* ～するはずである

☐ on time 時間どおりに

☐ go ahead 先に行く，お先にどうぞ（相手に道などを譲るとき），どうぞ（質問者に対して）

問 6

放送文と訳

M: You don't look well, Cathy. Are you OK?

W: I think I have a fever.

M: Aren't you giving a presentation at school today?

W: No. Luckily, that's tomorrow.

M: You should definitely call in sick and get some rest today.

W: You're right. Hopefully, I'll be better by tomorrow.

M：調子がよくなさそうだな，キャシー。大丈夫かい？

W：熱があると思う。

M：今日学校で発表があるんじゃないの？

W：ないわよ。運よく明日よ。

M：病気で休むとちゃんと電話して，今日は少し休んでおかないとね。

W：そのとおりね。明日までに体調がよくなるといいけど。

What is Cathy likely to do after this conversation?

① Go to school in the afternoon

② Make a phone call

③ Give a presentation

④ Go to the hospital

質問：キャシーはこの会話の後何をする可能性が高いか。

① 午後に学校へ行く

② 電話をする

③ 発表をする

④ 病院に行く

解説

ステップ1 質問文を読み，放送文に備える！

状況設定は家での父親と娘の会話。質問は What is Cathy likely to do after this conversation?「キャシーはこの会話の後何をする可能性が高いか」なので，状況設定から Cathy は娘の名前であろうと見当をつける。

選択肢を見て，それぞれ①「午後に学校へ行く」，②「電話をする」，③「発表をする」，④「病院に行く」だと確認する。

ステップ2 質問で問われていることを意識しながら聞く！

「調子がよくなさそうだね」という父親の問いかけに対し，娘は I think I have a fever.「熱があると思う」と答えているので，娘は体調不良であることがわかる。また，父親は最後の発言で You should definitely call in sick and get some rest today.「病気で休むとちゃんと電話して，今日は少し休んでおかないとね」と言っており，それに対して娘は「そのとおりだ」と同意しているので，この会話の後に娘がする可能性が高いのは病欠の電話連絡をして休養することである。よって，②が正解。

❖誤答分析❖

「今日は休養すべき」という父親の言葉に娘は同意しているので①は不適。父親の2番目の発言の「今日学校で発表があるんじゃないの？」という問いかけに対し，娘は「ないわよ。運よく明日よ」と答えているので③も不適。否定疑問文に対する答え方に注意しよう（→ 詳しくは p.102）。「病院へ行く」ことに関する言及は一切ないので④も不適。

質問と選択肢

- [ ] be likely to *do* ～する可能性が高い
- [ ] make a phone call 電話をかける
- [ ] give a presentation 発表［講演］をする

放送文

- [ ] fever 图 熱
- [ ] definitely 圖 間違いなく，はっきりと
- [ ] call in sick 病欠の電話をする
- [ ] hopefully 圖 願わくば，できれば

▶ **付加疑問文・否定形の疑問文の答え方**

　付加疑問文や否定形の疑問文はリスニングの会話文では頻出である。しかし，疑問文に対する回答の仕方が，日本語と英語では異なり混乱しがちなので，ここできちんと整理をしておこう。答えが肯定なのか否定なのかを瞬時に判断できなければ，放送文の意味の取り方が変わってしまう。

📍 付加疑問文

　付加疑問文は，「～だよね」もしくは「～じゃないよね」といったような念押しや確認をする際に使われる。基本的に，**肯定文には否定の，否定文には肯定**の疑問形を文末に加える形になる。

　付加疑問文に対する答え方は，答えの内容から考える。**答えの内容が肯定ならYes，否定なら No** である。

（例1）You **saw** the famous movie star, **didn't you?** 【本文が**肯定文**】
　　　（肯定文）◀━━━━━━━━━▶（否定）

　　　あの映画スターを見たんだよね？
　　　— **Yes**, I did. 【肯定の答え：実際にスターを見た】
　　　　うん，見たよ。
　　　— **No**, I didn't. 【否定の答え：実際にはスターを見ていない】
　　　　いや，見てないよ。
　　　※ 映画スターを見たなら Yes，見ていないなら No と答える。

（例2）You **did not study** hard for the exam, **did you?** 【本文が**否定文**】
　　　（否定文）◀━━━━━━━━━▶（肯定）

　　　試験勉強を一生懸命しなかったんでしょ？
　　　— **Yes**, but it was too difficult. 【肯定の答え：試験勉強をした】
　　　　いや，したよ。でも，問題が難しすぎたんだ。
　　　— **No**, I should have done so. 【否定の答え：試験勉強をしなかった】
　　　　うん，しなかったんだ。そうすべきだったのに。
　　　※ Yes が「いいえ」，No が「はい」となり，（例1）よりも少しややこしいが，試験勉強をしていたら Yes，していなかったら No と答える。

否定形の疑問文

　否定形の疑問文とは，文頭が aren't や don't などの否定形で始まり，Yes / No で答えられる疑問文である。「〜ではありませんか」という意味になる。

　否定形の疑問文も日本語で意味を考えると混乱するので，付加疑問文と同様に答えの内容が肯定か否定かという視点で考えればよい。be 動詞の疑問文の場合も一般動詞の疑問文の場合も同様である。日本語では，例えば，「学生でないですよね？」という質問に対しては，「いいえ，私は学生です」（肯定）／「はい，学生ではありません」（否定）のように答え，英語とは異なるので混乱しないよう注意。

例1 **Aren't you** a student?【be 動詞の場合】
　　あなたは学生でないのですか。
　　— **Yes**, I am.【肯定の答え：学生である】
　　　いいえ，学生です。
　　— **No**, I'm a teacher.【否定の答え：学生ではない】
　　　はい，（学生ではありません）私は教師です。
　　※ 学生であるのなら Yes，学生でないのなら No と答える。

例2 **Didn't you** go to the party yesterday?【一般動詞の場合】
　　昨日のパーティーには行かなかったのですか。
　　— **Yes**. I had a good time!【肯定の答え：パーティーに行った】
　　　いいえ（行きました）。楽しかったです！
　　— **No**. I had to finish the assignment.
　　　　　　　　　　　　　　　　　【否定の答え：パーティーに行かなかった】
　　　はい（行きませんでした）。課題を終わらせなければならなかったので。
　　※ パーティーに行ったのなら Yes，行かなかったのなら No と答える。

第4問 A

モノローグ①
図表完成，イラスト整序

設問数	**2**問
マーク数	**8**つ
配点	**8**点
放送回数	**1**回

モノローグ① 図表完成, イラスト整序

GUIDANCE グラフや図表，イラストなどの資料に関する質問に，放送文を聞いて答える問題。放送文は 1 人の話者が読み上げる。資料と質問を読む時間がいくらか与えられた後，英文が 1 回のみ放送される。

例 題

第 4 問 A は問 1 から問 8 の 8 問です。話を聞き，それぞれの問いの答え
として最も適切なものを，選択肢から選びなさい。**問題文と図表を読む時間が与えられた後，音声が流れます。**

◀ 09

問 1 ～ 4 あなたは，授業で配られたワークシートのグラフを完成させようとしています。先生の説明を聞き，四つの空欄 1 ～ 4 に入れるのに最も適切なものを四つの選択肢 (① ～ ④) のうちから一つずつ選びなさい。

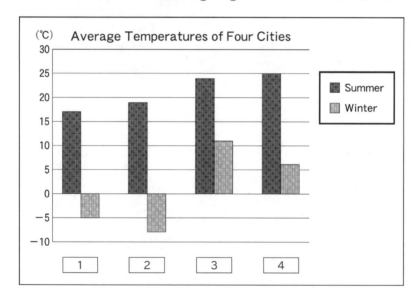

① Columbus
② Hopeville
③ Lansfield
④ Rockport

(共通テスト)

問5〜8　あなたは，海外を旅行中に，バスターミナルでバスの時刻表の変更についての説明を聞いています。話を聞き，下の表の四つの空欄 ⎡5⎤ 〜 ⎡8⎤ に入れるのに最も適切なものを，六つの選択肢（①〜⑥）のうちから一つずつ選びなさい。選択肢は2回以上使ってもかまいません。

Bus	Destination	Scheduled departure	Scheduled arrival	Current status
A2	City Center	10:10	11:00	< ⎡5⎤ >
A6	City Center	10:40	11:40	< ⎡6⎤ >
B7	Eastern Avenue	10:30	11:05	<DELAYED> New departure time: ⎡7⎤
C10	Main Street	10:10	11:00	<ADDITIONAL STOP> Arrival time at City Center: ⎡8⎤

① 10:10
② 11:00
③ 11:10
④ 11:35
⑤ CANCELED
⑥ ON TIME

（共通テスト）

第4問 A

例 題 の 解 答 ・ 解 説

問題の解き方

ステップ1 グラフや図表，イラストに目を通し，聞き取るべき情報を整理！

日本語の問題文とグラフや図表，イラストに目を通す時間がいくらか与えられる。この間に，グラフや図表が何の情報をまとめたものなのかを素早く捉え，空欄の要素となる選択肢に目を通しておく。グラフの場合には，タイトルがついているので最初に確認してから，その他の要素を見ていこう。グラフや図表中の空所になっている箇所を確認し，放送文から聞き取るべき情報を整理しておこう。

このような問題の他に，4つのイラストを起こった順に並べ替えるタイプの問題もある。

ステップ2 放送文を聞きながらメモを取る！

空所に関係のある部分に特に集中して放送文を聞いていく。放送回数は1回なので，聞きながら，グラフや図表の空所にメモしていくとよいだろう。

イラストを並べ替える問題の場合も，解答に必要な情報をメモしていこう。

解答 問1 ① 問2 ④ 問3 ② 問4 ③
問5 ⑤ 問6 ⑥ 問7 ② 問8 ③

問1～4

放送文と訳

1 Here are the average summer and winter temperatures of four cities in North America: Columbus, Hopeville, Lansfield, and Rockport. 2 The temperature of Lansfield in the summer was much higher than I expected — the highest in fact. 3 By comparison, Rockport had a much cooler summer than Lansfield and experienced the coldest winter among the four cities. 4 Columbus was a bit cooler than Rockport in the summer, while its winter was a few degrees warmer. 5 Hopeville changed the least in temperature and was just a bit cooler than Lansfield in the summer.

₁ここにあるのは北米4都市（コロンブス・ホープヴィル・ランスフィールド・ロックポート）の夏および冬の平均気温である。₂夏のランスフィールドの気温は私の予想よりもかなり高かった，実のところ最も高かった。₃対照的に，ロックポートの夏はランスフィールドよりもずっと涼しく，4都市中冬は最も寒かった。₄コロンブスの夏はロックポートより少し涼しいが，冬は数度暖かった。₅ホープヴィルは気温の変動が最も小さく，夏はランスフィールドよりも少しだけ涼しかった。

グラフと選択肢の訳

> 4都市の平均気温

① コロンブス   ② ホープヴィル
③ ランスフィールド   ④ ロックポート

解説

ステップ1 グラフや図表，イラストに目を通し，聞き取るべき情報を整理！

　まず，棒グラフを見る。タイトルは Average Temperatures of Four Cities「4都市の平均気温」とあるので，選択肢①〜④はグラフの都市名であることがわかる。また，棒グラフには濃淡があり，濃い棒は Summer「夏」，薄い棒は Winter「冬」であることが示されている。夏と冬それぞれの最高・最低気温もチェックしておこう。夏の最高気温は 4 （25℃）で最低気温は 1 （約17℃），冬の最高気温は 3 （約11℃）で最低気温は 2 （約−8℃）である。

ステップ2 放送文を聞きながらメモを取る！

　放送文1文目より，4都市の夏と冬の平均気温を示したグラフであることを確認。2文目は Lansfield の気温についての説明だが，最後の the highest in fact「実のところ最も高かった」の部分から，4都市中，夏の気温が最も高いことがわかるので， 4 に入るのは③。

　さらに，Rockport に関する3文目の the coldest winter among the four cities「4都市中冬は最も寒かった」より， 2 に入るのは④。Columbus について言及している4文目において，a bit cooler than Rockport in the summer「夏はロックポートより少し涼しい」が，its winter was a few degrees warmer (than Rockport)「（ロックポートより）冬は数度暖かった」とあるので，Columbus は 1 であることがわかる。よって， 1 には①が入る。最後に，Hopeville に言及している5文目で just a bit cooler than Lansfield in the summer「夏はランスフィールドよりも少しだけ涼しい」と述べているので， 3 には②が入る。

着眼点

　グラフは複数のデータを並べて「比較する」場合に用いられる。つまり，この問題の放送文では「比較・対照に関する表現」が用いられることが多いので，それを正確に聞き取ることが重要（→ 詳しくは p.29）。

問5〜8

放送文と訳

₁ Attention, please! ₂ There are some changes to the regular bus schedule. ₃ The A2 bus leaving for City Center is canceled. ₄ Those passengers going to City Center should now take the C10 bus to Main Street. ₅ It'll continue on to City Center after leaving Main Street, which takes 10 additional minutes. ₆ The A6 bus, which goes to City Center, is running normally. ₇ Finally, the B7 bus to Eastern Avenue will leave half an hour late. ₈ We're sorry for any inconvenience.

₁ お知らせがございます！　₂ バスの通常運行スケジュールに若干の変更がございます。₃ シティーセンター行きの A2 便のバスは運休になりました。₄ シティーセンターへお越しのお客様は C10 便のバスでメインストリートへ向かってください。₅ C10 便はメインストリートを出発後そのまま運行し，10 分でシティーセンターに到着いたします。₆ シティーセンター行きの A6 便のバスは通常運行をしております。₇ 最後になりますが, B7 便のイースタンアベニュー行きのバスは, 出発が 30 分ほど遅れる見通しです。₈ ご不便をおかけしまして申し訳ございません。

表と選択肢の訳

バス	目的地	予定出発時刻	予定到着時刻	現況
A2	シティーセンター	10:10	11:00	〈運休〉
A6	シティーセンター	10:40	11:40	〈時間どおり〉
B7	イースタンアベニュー	10:30	11:05	〈遅延〉新しい出発時刻：11:00
C10	メインストリート	10:10	11:00	〈追加停車〉シティーセンター到着時間：11:10

① 10:10　② 11:00　③ 11:10
④ 11:35　⑤ 運休　⑥ 時間どおり

ステップ1 グラフや図表, イラストに目を通し, 聞き取るべき情報を整理!

　まず表の一番上の行に注目。Bus「バス」, Destination「目的地」, Scheduled departure「予定出発時刻」, Scheduled arrival「予定到着時刻」, Current status「現況」となっている。このうち Current status の部分が空所となっており, B7 便には <DELAYED>「遅延」, C10 便には <ADDITIONAL STOP>「追加停車」とあることに注意。B7 と C10 に関しては話が複雑そうだと予測する。

ステップ2 放送文を聞きながらメモを取る!

　放送文3文目の The A2 bus ... is canceled.「…の A2 便のバスは運休になった」より, 表の　5　には⑤が入る。次に, 5文目の which takes 10 additional minutes「さらに10分かかる」の部分より, Main Street から City Center までは10分かかることがわかる。表の C10 の欄には, Main Street 到着予定時刻は 11:00 とあるので, City Center の到着予定時刻は 11:10。よって, 　8　には③が入る。また, 6文目の The A6 bus ... is running normally.「A6 便のバスは…通常運行」より, 　6　には⑥が入る。最後に7文目の will leave half an hour late「出発は30分ほど遅れるだろう」より, B7 便の予定出発時刻は予定の 10:30 の30分後, つまり 11:00 となるので, 　7　には②が入る。

😊　**着眼点**

　表では, 注意書きが書かれていることもある。このような情報量の多い部分は, 放送文での言及が複雑になっているはずなので, 特に注意して聞こう。

図表, 選択肢

☐ destination 图 目的地

☐ departure 图 出発

☐ delayed 形 遅延の

☐ additional 形 追加の

☐ on time 時間どおりに

放送文

☐ half an hour 30 分

☐ inconvenience 图 不便, 迷惑

チャレンジテスト

第4問 A は**問1**から**問8**の8問です。話を聞き，それぞれの問いの答え として最も適切なものを，選択肢から選びなさい。**問題文と図表を読む時間が与えられた後，音声が流れます。**

問1～4　あなたは，授業で配られたワークシートのグラフを完成させようとしています。先生の説明を聞き，四つの空欄 ⎡ 1 ⎤ ～ ⎡ 4 ⎤ に入れるのに最も適切なものを，四つの選択肢（①～④）のうちから一つずつ選びなさい。

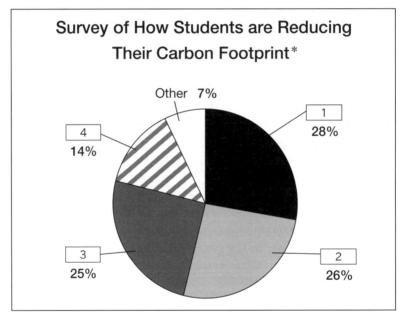

* carbon footprint「カーボンフットプリント」
　→ CO_2 をはじめとする温室効果ガスの排出量を目に見える形にしたもの。

① Reusable water bottles and bags
② Walking, cycling, and using public transportation
③ Eating less meat
④ Avoiding fast fashion

問5～8　あなたは，ホテルの受付のスタッフから部屋の種類と値段を聞いています。料金についての説明を聞き，下の表の四つの空欄 | 5 | ～ | 8 | に入れるのに最も適切なものを，五つの選択肢（①～⑤）のうちから一つずつ選びなさい。選択肢は2回以上使ってもかまいません。

Room Type	Price: Sunday to Thursday	Price: Friday & Saturday
Non-Smoking		
Single	$40	6
Twin/Double	5	$80
Smoking		
Single	7	$65
Twin/Double	$65	8

① $45
② $60
③ $65
④ $75
⑤ $85

チャレンジテストの解答・解説

解答 問1 ① 問2 ② 問3 ③ 問4 ④
問5 ② 問6 ② 問7 ① 問8 ⑤

問1〜4

放送文と訳

₁One hundred university students were asked this question: What are you doing in your daily life to reduce your carbon footprint or negative impact on the environment? ₂They were asked to select what action they do the most from the following choices: "use reusable water bottles and bags," "walk, cycle, or take public transport instead of driving," "eat less animal-based protein such as beef," "shop less at cheap clothing retailers," and "other." ₃At 28%, the most common choice was carrying a reusable bottle or bag. ₄Exactly half that percentage of students said they try to avoid buying their clothes at big fast fashion retailers. ₅Meanwhile, walking, cycling, etc. instead of driving, and eating less meat, were a close second and third. ₆Other students mentioned actions such as buying shampoo and hair rinse in refill containers instead of in new bottles and not using plastic straws.

₁100人の大学生が次の質問を受けた。「日常生活の中で自分のカーボンフットプリント，つまり環境への負の影響を削減するためにあなたは何をしていますか」₂回答者は，どんな行動を最もよくするかを以下の選択肢，「再利用可能な水筒やバッグを使用する」，「自動車を使う代わりに徒歩，自転車，あるいは公共交通機関を利用する」，「牛肉などの動物性タンパク質を食べるのを減らす」，「低価格の衣料品小売店での購入を控える」，「その他」から選ぶように指示された。₃最も多かった選択肢は28%で再利用可能な水筒やバッグを持ち歩くことであった。₄そのちょうど半分の割合の学生はファストファッションの大規模小売店で服を買わないようにしていると述べた。₅一方で自動車に乗る代わりに徒歩や自転車などを使うや肉をあまり食べないを選んだ学生は僅差で2位，3位であった。₆他の学生は詰め替え用のシャンプーやヘアリンスを新しい容器に入っているものの代わりに買っているとかプラスチックのストローを使わないなどの活動を挙げた。

グラフと選択肢の訳

学生のカーボンフットプリント削減方法に関する調査

① 再利用可能な水筒やバッグ
② 徒歩や自転車，公共交通機関の利用
③ 肉をあまり食べないようにする
④ ファストファッションを避ける

解説

ステップ1 グラフや図表，イラストに目を通し，聞き取るべき情報を整理！

　まず，放送文が流れる前に円グラフを確認する。タイトルには「学生のカーボ
ンフットプリント削減方法に関する調査」とある。carbon footprint「カーボンフ
ットプリント」を知らない人は，グラフの下にある注「CO_2をはじめとする温室
効果ガスの排出量を目に見える形にしたもの。」を確認しておく。要するに「学生
がどのように温室効果ガスの排出を減らす努力をしているか」ということを調査
した円グラフである。選択肢は，円グラフの28％，26％，25％，14 ％いずれか
に入る項目なので，それぞれどれに該当するのかを注意して聞いていく。

ステップ2 放送文を聞きながらメモを取る！

　放送文1・2文目から，グラフが，「大学生がカーボンフットプリントを削減す
るために日常的に行っていることの割合を示したもの」であることを確認する。

　3文目は冒頭の At 28％から，グラフ中最も多い割合である28％の部分の説明
だとわかる。the most common choice was carrying a reusable bottle or bag「最も
多かった選択肢は28％で再利用可能な水筒やバッグを持ち歩くことであった」よ
り，　1　に入るのは①。

　4文目は Exactly half that percentage「そのちょうど半分の割合」の部分に注
意。that percentage＝28％なので，そのちょうど半数とは14％である。つまり，
円グラフの　4　の答えに該当する。この14％の学生たちは they try to avoid
buying their clothes at big fast fashion retailers「ファストファッションの大規模
小売店で服を買わないようにしている」とあるので，　4　に入るのは④。

　続く5文目では，walking, cycling, etc. instead of driving, and eating less meat,
were a close second and third「自動車に乗る代わりに徒歩や自転車などを使うや
肉をあまり食べないを選んだ学生は僅差で2位, 3位であった」とあるので，2番
目に多い26％の　2　は②，3番目の25％の　3　には③が入る。

ワークシート，選択肢

☐ survey 名 調査

☐ reduce 動 ～を減らす

☐ reusable 形 再利用可能な

☐ public transportation 名 公共交通機関

放送文

☐ negative 形 負の，否定の，消極的な

☐ impact 名 影響

☐ instead of ～ ～の代わりに

☐ retailer 名 小売店 *cf.* wholesaler 名 卸売，問屋

☐ avoid ～*ing* ～することを避ける

☐ meanwhile 副 一方で，その間に

☐ close 形 （数量が）近い

☐ refill 名 詰め替え

☐ container 名 容器

問 5 ～ 8

放送文と訳

₁ We have a variety of different types of rooms available but the prices will change depending on the day of the week you would like to stay. ₂ From Sunday to Thursday, non-smoking single rooms cost $40 per night but $60 on Fridays and Saturdays. ₃ Twin and double non-smoking rooms cost $20 more than single rooms. ₄ Also, smoking rooms cost $5 more than non-smoking rooms to cover cleaning costs. ₅ What kind of room do you require, sir?

₁当方はさまざまなタイプのお部屋をご用意しておりますが，料金はご宿泊予定の曜日によって変動いたします。₂日曜日から木曜日までは，シングルルームの禁煙室は 1 泊 40 ドルですが，金曜日と土曜日は 60 ドルになります。₃ツインルームとダブルルームの禁煙室はシングルルームに 20 ドルが加算されます。₄また，喫煙室は清掃費をまかなうため禁煙室より 5 ドル高くなります。₅お客様，どちらのお部屋になさいますか。

表と選択肢の訳

部屋の種類	価格：日曜日から木曜日	価格：金曜日と土曜日
<u>禁煙</u>		
シングル	40 ドル	6
ツイン／ダブル	5	80 ドル
<u>喫煙可</u>		
シングル	7	65 ドル
ツイン／ダブル	65 ドル	8

① 45 ドル　② 60 ドル
③ 65 ドル　④ 75 ドル
⑤ 85 ドル

解説

ステップ1 グラフや図表，イラストに目を通し，聞き取るべき情報を整理！

　放送文が流れる前に指示文と表，選択肢に目を通す。指示文から，ホテルの受付スタッフから部屋の種類と料金の説明を受けているという状況を把握する。

　表の一番上の行を見ると，Room Type「部屋の種類」，Price: Sunday to Thursday「価格：日曜日から木曜日」，Price: Friday & Saturday「価格：金曜日と土曜日」とあるので，曜日別の宿泊料金表だとわかる。

　また，一番左の列の部屋の種類を見ると，Non-Smoking「禁煙」と Smoking「喫煙可」があり，それぞれに Single「シングル」と Twin/Double「ツイン／ダブル」がある。選択肢には金額が並んでいるので，**曜日と部屋の種類別に宿泊料金を聞き取ればよい**ことがわかる。

ステップ2 放送文を聞きながらメモを取る！

　まず放送文2文目の $60 on Fridays and Saturdays「金曜日と土曜日は60ドルになります」から，金曜日と土曜日，禁煙のシングルルームの料金は60ドルとわかるので，| 6 | に入るのは②。

　次に放送文3文目 Twin and double non-smoking rooms cost $20 more than single rooms. より，「ツインとダブルルームの料金＝シングルルームの料金＋20ドル」ということがわかる。当該曜日のシングルルームの料金は40ドルなので，40＋20＝60より | 5 | に入るのは②。| 6 | に入るものと同じだが，問題文に「選択肢は2回以上使ってもかまいません」とあることに注意する。

7 には日曜日から木曜日の喫煙可のシングルルームの宿泊料金が入る。放送文 4 文目に smoking rooms cost $5 more than non-smoking rooms「喫煙可の部屋は禁煙室より 5 ドル高い」とあるので,「喫煙可の部屋の料金＝同等の禁煙室の料金＋5 ドル」ということがわかる。よって，40＋5＝45 なので， 7 に入るのは①。 8 は金曜日と土曜日の喫煙可能なツイン／ダブルルームの料金である。禁煙のツイン／ダブルルームの金曜日と土曜日の料金は 80 ドル。よって，同様の計算方法を用いると 80＋5＝85 となり， 8 に入るのは⑤。

放送文

☐ a variety of 〜　さまざまな〜

☐ depending on 〜　〜によって，〜に応じて

☐ night 图 1 泊 (宿泊をする場合は night で数える。(例) two nights 2 泊)

☐ cover 動 (費用・料金など)をまかなう

☐ require 動 〜を必要とする

数字の読み方

放送文中に数字が出てくる場合，設問で問われたり，その数字をもとに計算が必要だったりすることがある。基本的な数字の読み方からさまざまな単位の数字の読み方まで，放送文を聞いてすぐにわかるよう，しっかりと確認しておこう。

📍 数字

次のように3桁のコンマ（,）ごとに読むのが原則。

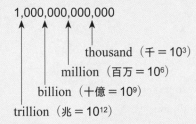

1,000,000,000,000

thousand（千 = 10^3）
million（百万 = 10^6）
billion（十億 = 10^9）
trillion（兆 = 10^{12}）

- 112：one hundred (and) twelve
- 3,214：three thousand two hundred (and) fourteen
- 98,556：ninety-eight thousand five hundred (and) fifty-six
- 230,497：two hundred thirty thousand four hundred (and) ninety-seven
- 2,000,000：two million「2百万」
- 30,000,000：thirty million「3千万」
- 600,000,000：six hundred million「6億」
- 3,500,000,000：three billion five hundred million「35億」
- 1,000,000,000,000：one trillion「1兆」

📍 小数と分数

小数は小数点（.）を point と読み，小数点以下は普通の数字（基数）で1字ずつ読む。分数は，基本的に分子を基数（one, two, three ...）で分母を序数（third, fourth ...）で読む。

- 3.14：three point one four
- 0.5：zero point five
- 1/2：one half または a half

- 1/4：a fourth または one-fourth または a quarter
- 2/3：two thirds
  ＊ 1/3 × 2。a third が 2 つなので，分母は thirds と複数形。
- 1/100：one hundredth

📍 年号，〜世紀，月日

　4 桁の年号は 2 つずつ区切って読むのが原則。「〜世紀」の〜は序数で表す。○月○日は，○日の部分を序数で表す。

- 1900 年：nineteen hundred
- 1999 年：nineteen ninety-nine
- 2000 年：two thousand
- 2002 年：two thousand (and) two または twenty oh two
- 2020 年：twenty twenty または two thousand (and) twenty
- 1670 年代：sixteen seventies
  ＊ 1670s と表記する。
- 21 世紀：the 21st century (the twenty-first century)
- 7 月 3 日：July third
- 10 月 18 日：October eighteenth

📍 時間

　基本的に〜時，〜分を数字で読む。15 分単位を quarter，30 分単位を half で表すことがある。「〜前」を to / till，「〜後」を past / after で表すことがあるので注意。なお half のときは past のみで to / till や after は使わないことが多い。

- 06:52：six fifty-two
- 15:27：fifteen twenty-seven
- 23:18：twenty-three eighteen
- 午前 10 時：ten a.m.
- 午後 8 時：eight p.m.

- 0:00：midnight または twelve o'clock
  ＊ 日本語の「真夜中」はぴったり 0:00 の意味ではないが，英語の midnight は 0:00 の意味。

・12:00：noon または twelve o'clock

・07:45：seven forty-five または (a) quarter to [till] eight「8 時 15 分前」
・10:15：ten fifteen または (a) quarter past [after] ten「10 時 15 分過ぎ」
・08:30：eight thirty または half past eight「8 時半」

📍 金額

【dollar ($)「ドル」】

1 dollar = 100 cents である。ドルは通貨記号 $ で表す。
・$2.45：two dollars (and) forty-five cents または two forty-five
・$.50 ($0.50)：fifty cents または half a dollar
・$1,700：seventeen hundred dollars
・$100,000：(one) hundred thousand dollars

【pound (£)「ポンド」】

1 pound sterling = 100 pence（100 ペンス）である。英ポンドは通貨記号 £ で表す。penny は単数形。複数形は pence。
・£2.45：two pounds (and) forty-five pence
・£.50 (£0.50)：fifty pence
・£1,700：seventeen hundred pounds
・£100,000：(one) hundred thousand pounds

【euro (€)「ユーロ」】

1 euro = 100 cents である。ユーロは通貨記号 € で表す。
・€2.45：two euros (and) forty-five cents
・€.50 (€0.50)：fifty cents
・€1,700：seventeen hundred euros
・€100,000：(one) hundred thousand euros

📍 電話番号

　0 は zero もしくは oh（オウ）と読むが，それ以外の数字はそのまま読む。なお，ゼロとオウは混ぜて使わない。同じ数字が 2 回続くときは double，3 回続くときは triple を使うこともある。

- ・090-123-4567：oh nine oh (zero nine zero), one two three, four five six seven
- ・01-3999-1007：oh one, three triple nine, one double oh seven

📍 重量，距離，長さ

- ・60kg：sixty kilos または sixty kilograms
- ・60km：sixty kilometers
  - ＊kilo は重量のみを示す。距離は kilometer。
- ・172cm：hundred seventy-two centimeters
- ・5'7"：five feet (and) seven inches または five-foot-seven
  - ＊1 foot = 30.48cm，1 inch = 2.54cm

第4問 B

モノローグ②
質問選択（複数の人の発話）

設問数	**1**問
マーク数	**1**つ
配点	**4**点
放送回数	**1**回

GUIDANCE

与えられた条件を満たすものを，放送文の説明を聞いて選ぶ問題。問題用紙には，日本語で「状況」と「あなたが考えている条件」と，メモができる英語の表が書かれている。あらかじめこれらに目を通し，放送文を聞いて答えるという流れ。英文の放送回数は1回のみ。

例 題

第4問Bは問1の1問です。話を聞き，示された条件に最も合うものを，四つの選択肢（① 〜 ④）のうちから一つ選びなさい。下の表を参考にしてメモを取ってもかまいません。**状況と条件を読む時間が与えられた後，音声が流れます。**

◀11

状況

　あなたは，夏休み中にインターンシップ（internship）に参加します。インターン（intern）先を一つ決めるために，条件について四人から説明を聞いています。

あなたが考えている条件

　A. コンピューターの知識を生かせること

　B. 宿泊先が提供されること

　C. 2週間程度で終わること

Internship	Condition A	Condition B	Condition C
① Hotel			
② Language school			
③ Public library			
④ Software company			

問1 You are most likely to choose an internship at the ☐ 1 ☐ .

　① hotel ② language school

　③ public library ④ software company （共通テスト）

問題の解き方

ステップ1 「状況」と「条件」を押さえる！

日本語で書かれている「状況」と「あなたが考えている条件（A～C）」
をまず確認する。次に下の表にざっと目を通しておく。表は，放送文を聞き
ながら条件 A～C をそれぞれメモして埋められるものになっている。

ステップ2 放送文を聞きながら，条件と合致するかどうかを確認！

放送文の内容は表の各欄に対応しているので，A～Cの各条件に合致する
か否かを聞き取り，放送中に○，△，×などでチェックしていく。放送文が
終わったら，そのメモをもとに条件を満たすものを選択肢から選ぶ。

解答 問1 ①

問1

放送文と訳

① Our hotel's internship focuses on creating a new website. The work will be
done in late August. Interns will help set up the website, which should take
about half a month. You can stay at our hotel or come from home.

当ホテルのインターンシップは新しいウェブサイトの作成に特化しています。こ
の仕事は8月下旬に終了する予定です。インターンはウェブサイトの立ち上げを
手伝います。約半月を要する予定です。当ホテルに宿泊しても自宅からの通いで
もかまいません。

② The internship at our language school starts in early summer when the
exchange program starts. Many international students visit us, so we need
to help these students get around. Interns should stay at the dormitory for
about ten days while assisting with the program.

私どもの語学学校のインターンシップは交換留学プログラムの始まる初夏より
開始します。多くの留学生が本校を訪れるので，彼らがこちらでの生活に慣れる
のを支援する必要があります。インターンはプログラムの手伝いをする間の約

10日間学生寮に滞在しなければなりません。

③ Public library interns help with our reading programs. For example, they prepare for special events and put returned books back on the shelves. Interns must work for more than two weeks. You can join anytime during the summer, and housing is available.

公立図書館のインターンは当館の読書プログラムの補助をします。例えば，特別イベントの準備をしたり，返却された本を書棚に戻したりします。インターンは2週間以上勤務しなければなりません。夏の間いつでも参加可能ですし，宿泊所も利用できます。

④ We're a software company looking for students to help develop a smartphone application. They are required to participate in brainstorming sessions, starting on the 15th of July, and are expected to stay until the end of August. Participants should find their own place to stay.

弊社はソフトウェア会社でスマートフォンのアプリの開発補助をしてくれる学生を探しています。インターンは7月15日に始まるブレーンストーミングに参加することが必須で，8月いっぱいインターンに参加してもらいます。参加者は自分で滞在先を確保する必要があります。

質問文と選択肢の訳

問1　あなたは　1　でのインターンシップを選択する可能性が最も高い。

① ホテル
② 語学学校
③ 公立図書館
④ ソフトウェア会社

解説

ステップ1　「状況」と「条件」を押さえる！

「自分が夏休み中にインターンシップに応募しようとしていて，3つの条件を前提に4人から説明を聞いている」という設定を踏まえて，表を見る。表の一番左側がインターンシップ先の候補で，一番上の行に条件A～Cとある。3つの条件に合うか否かをそれぞれ判定すればよいことを確認する。

　放送文を聞きながら，表のそれぞれの欄に，条件を満たしていれば○，満たしていなければ×を書き込んでいく。

　Hotel「ホテル」のインターンシップは set up the website「ウェブサイトを立ち上げる」ことなので，条件 A は○。また which should take about half a month「約半月を要する予定」ということで，half a month「半月」＝「2 週間程度」であることから条件 C も○。また，You can stay at our hotel「当ホテルに宿泊可能」とあるので，条件 B も○。

　Language school「語学学校」のインターンシップは留学生がこの国での生活に慣れることが主眼。we need to help these students get around「われわれは彼らがこちらでの生活に慣れるのを支援する必要がある」とあることから，コンピューターの知識はあまり活かすことができそうにないので条件 A は×。exchange program「交換留学プログラム」をコンピューターのプログラムと誤認しないように注意する。また，最後の 1 文から，条件 B と C は○だとわかる。

　Public library「公立図書館」のインターンシップは，reading program「読書プログラム」の補助とあり，2 文目 For example, ... 以降の仕事の具体例から，これもコンピューターの program とは無関係とわかるので，条件 A は×。条件 C は Interns must work for more than two weeks.「インターンは 2 週間以上勤務しなければならない」の部分から○か×かは断定できないので△。条件 B は，housing is available「宿泊所が利用できる」とあるので○。

　最後に **Software company「ソフトウェア会社」**のインターンシップは，looking for students to help develop a smartphone application「スマートフォンのアプリの開発補助をしてくれる学生を探している」とあるので，条件 A は○。条件 C については，starting on the 15th of July, and are expected to stay until the end of August「（インターンシップ期間は）7 月 15 日に開始して 8 月の終わりまで」とあり，1 か月半拘束されるので×。また条件 B も，Participants should find their own place to stay.「参加者は自分で滞在先を確保する必要がある」から×。

　条件 A が「コンピューターの知識を活かせること」なので，選択肢だけを見て，ソフトウェア会社のインターンに違いないなどと思い込まないように注意しよう。

放送文を聞き終えた後の表はこのようになる。

Internship	Condition A	Condition B	Condition C
① Hotel	○	○	○
② Language school	×	○	○
③ Public library	×	○	△
④ Software company	○	×	×

以上から，全ての条件を満たしている ① が正解。

 着眼点

・複数の意味を持つ紛らわしい語句に注意しよう。放送文と選択肢で，異なる
意味で使われている場合がある（→ 詳しくは p.137）。
（例）program「計画，予定，日程」／「（コンピューターの）プログラム」

・放送文を聞く前に選択肢を見た段階で，誤った先入観を持ってしまうと間違
いにつながってしまう。放送文を聞く前に「予測」はしてもよいが，予測と
異なっていた場合，柔軟に軌道修正しつつ聞いていくようにしよう。あくま
で放送文を聞いて，その内容をもとに解答するように注意しよう。

語句

設問

□ internship 图（会社などのでの）実習訓練，インターンシップ

放送文

□ focus on ～ ～に集中する

□ set up ～ ～を設定［開設］する

□ exchange 图 交換

□ get around 立ち回る，動き回る

□ dormitory 图 寮

□ assist 動 ～を手伝う

□ prepare for ～ ～を準備する

□ shelf 图 棚（複数形：shelves）

□ available 形 利用できる

□ application 图 アプリケーション

□ participate in ～　～に参加する

□ brainstorming 图 ブレーンストーミング（参加者があるテーマについて自由に意見を
　　出し合うこと）

□ session 图 集会，会議

□ participant 图 参加者

チャレンジテスト

第4問Bは**問1**の1問です。話を聞き、示された条件に最も合うものを、四つの選択肢（①〜④）のうちから一つ選びなさい。下の表を参考にしてメモを取ってもかまいません。**状況と条件を読む時間が与えられた後，音声が流れます**。

 ◀︎**12**

状況

　あなたは言語交換パートナー（お互いに自分の使う言語を教え合う相手）を探しています。パートナーを選ぶために，あなたは四人の候補者の話を聞いています。

あなたが考えている条件

　A. 平日会えること

　B. 英語を教えた経験があること

　C. 日本語の初心者であること

	Candidates	Condition A	Condition B	Condition C
①	Anna			
②	Benjamin			
③	Fred			
④	Leila			

問1　"　1　" is the person you are most likely to choose.

① Anna

② Benjamin

③ Fred

④ Leila

解答 問1 ②

問1

放送文と訳

① Hello, I'm Anna. My dream is to become an English teacher so I'd like to get experience first by doing a language exchange. I have just started learning Japanese. I can meet any day of the week.

こんにちは，アンナです。私の夢は英語教師になることなので，言語を教え合うことでまず経験を積みたいと思っています。私は日本語の勉強を始めたばかりです。何曜日でも会うことができます。

② Hi, Benjamin here. I'd like to meet someone on weekday evenings to help me learn basic Japanese. I've been an English teacher for several years so I can help you no matter what your level may be. Let's learn together!

こんにちは，ベンジャミンです。平日の晩に私が日本語の基礎を学ぶ手伝いをしてくれる人と出会いたいです。私は数年間英語教師をしていたことがあるので，あなたがどのようなレベルでもお手伝いすることができます。一緒に学びましょう！

③ Hi, I'm Fred. I'm happy to meet after work during the week at a café or restaurant. I majored in Japanese at university and I now work as an English teacher. I'd like to meet someone to help me with business-level Japanese.

こんにちは，フレッドです。平日仕事が終わった後，カフェかレストランで会えるとうれしいです。私は大学で日本語を専攻しました。今は英語教師として働いています。ビジネスレベルの日本語を学ぶ手伝いをしてくれる方と会いたいです。

④ Hello, this is Leila. I'm a university student and I need to improve my reading and writing in Japanese. I can already communicate well but *kanji* is a problem for me. Weekends are best for me.

こんにちは，レイラです。私は大学生で日本語の読み書き能力を高める必要があ

ります。日本語での意思疎通はもうかなりできますが，私にとって漢字が問題です。週末が一番いいです。

質問文と選択肢の訳

問1 ┌─ 1 ─┐ はあなたが選択する可能性が最も高い人である。

① アンナ

② ベンジャミン

③ フレッド

④ レイラ

解説

ステップ1 「状況」と「条件」を押さえる！

「お互いに言語を教え合う言語交換パートナーを探しており，3つの条件を前提に4人から話を聞いている」という設定を踏まえて，表を見る。表の一番左側が言語交換パートナーの候補者で，一番上の行に条件A～Cとある。この3つの条件に合っているかどうかを判定しながら4人の話を聞く。

ステップ2 放送文を聞きながら，条件と合致するかどうかを確認！

放送文を聞きながら，表にメモをしていくことが重要。それぞれの欄に，条件を満たしていれば○，満たしていなければ×を書き込んでいく。

Anna は英語教師を志望しているものの，I'd like to get experience first「まず（教育）経験を積みたい」と述べているので教師経験はない。よって，条件Bは×。I have just started learning Japanese「日本語の勉強を始めたばかり」ということで条件Cは○。I can meet any day of the week「何曜日でも会える」ので条件Aは○。

Benjamin は I'd like to meet someone on weekday evenings「平日の晩に会いたい」と述べているので条件Aは○。また，help me learn basic Japanese「私が日本語の基礎を学ぶのを手伝う」とあるので，条件Cは○。さらに I've been an English teacher「英語教師をしていた」とあるので条件Bも○。

Fred は，after work during the week「平日の仕事の後」に会いたいと言っているので条件Aは○。I majored in Japanese at university「大学で日本語を専攻していた」と言い，最後に help me with business-level Japanese「ビジネスレベルの日本語を学ぶ手伝い」をしてほしいとあるので日本語の初心者とは言えない。よって，条件Cは×。I now work as an English teacher「今は英語教師として働

いている」とあるので，条件 B は○。

　最後に **Leila** である。彼女は I can already communicate well「すでに（日本語で）うまく意思疎通ができる」と述べているので，条件 C は×。Weekends are best for me「週末が一番いい」より，条件 A は×。条件 B の教師経験に関しては言及がないので「−」などと書いておくとよい。

　放送文を聞き終えた後の表は次のようになる。

	Candidates	Condition A	Condition B	Condition C
①	Anna	○	×	○
②	Benjamin	○	○	○
③	Fred	○	○	×
④	Leila	×	−	×

　以上から，全ての条件を満たしている ② が正解。

語句

設問

□ candidate 图 候補者
□ be likely to *do* ～しそうである

放送文

□ no matter what ～ たとえどんな～であろうと
□ major in ～ ～を専攻する

注意すべき紛らわしい語（句）

　リスニングテストにおいて，放送文の聞き間違いは致命的である。音声をおろそかにしたままで意味だけ覚えている単語は聞き取りをする際の誤解のもととなる。ここでは，同音異義語や聞き分けに注意が必要な語をまとめた。また，複数の意味を持つ語もまとめたので，正確な聞き取りのために確認しておこう。

🔵 同音異義語

　同音異義語とは，発音が同じだが意味が異なるものである。リーディングでつづりを見たら違いがわかるものでも，音で聞くと同じなので注意しよう。ただし，文脈上聞き分けができるものも多い。

- one「1」／ won「win「勝つ」の過去・過去分詞形」　[wʌn]
- ate「eat「食べる」の過去形」／ eight「8」　[eɪt]
- blue「青」／ blew「blow「吹く」の過去形」　[blu:]
- break「破る」／ brake「ブレーキ」　[breɪk]
- close「閉める」／ clothes「衣服」　[kloʊz]
- sell「売る」／ cell「細胞」　[sel]
- flower「花」／ flour「小麦粉」　[fláʊər]
- fair「公平な，フェアな」／ fare「運賃」　[feər]
- for「〜のために」／ four「4」　[fɔ:r]
- new「新しい」／ knew「know「知っている」の過去形」　[nju:]
- no「いいえ」／ know「知っている」　[noʊ]
- heel「かかと」／ heal「癒す」　[hi:l]
- hire「雇う」／ higher「high「高い」の比較級」　[háɪər]
- whole「全体の」／ hole「穴」　[hoʊl]
- our「私たちの」／ hour「時間」　[áʊər]
- nose「鼻」／ knows「know の3人称単数現在形」　[noʊz]
- meet「会う，満たす」／ meat「肉」　[mi:t]
- made「make「作る」の過去・過去分詞形」／ maid「メイド」　[meɪd]
- past「過去」／ passed「pass「通過する」の過去・過去分詞形」　[pæst, pɑ:st]
- piece「ひとかけら」／ peace「平和」　[pi:s]
- plane「飛行機」／ plain「平面」　[pleɪn]
- principal「校長」／ principle「原理」　[prínsəpəl]

- rain「雨」／ rein「手綱」／ reign「統治する」 [reɪn]
- red「赤」／ read「read「読む」の過去・過去分詞形」 [red]
- write「書く」／ right「正しい」 [raɪt]
- seen「see「見る」の過去分詞形」／ scene「場面」 [siːn]
- see「見る」／ sea「海」 [siː]
- site「場所，インターネットサイト」／ cite「引用する」／ sight「視力」 [saɪt]
- sole「単独の，足裏」／ soul「魂，精神」 [soʊl]
- son「息子」／ sun「太陽」 [sʌn]
- tale「話」／ tail「しっぽ」 [teɪl]
- there「そこ」／ they're「they are の短縮形」／ their「彼らの」 [ðeər]
- through「～を通って」／ threw「throw「投げる」の過去形」 [θruː]
- two「2」／ to「～へ」／ too「あまりにも」 [tuː]
- waist「ウエスト」／ waste「浪費する，廃棄物」 [weɪst]
- wait「待つ」／ weight「重さ」 [weɪt]
- week「週」／ weak「弱い」 [wiːk]
- would「will の過去形」／ wood「木材」 [wʊd]
- tied「tie「結ぶ」の過去・過去分詞形」／ tide「潮流」 [taɪd]
- stake「杭」／ steak「ステーキ」 [steɪk]

🔍 聞き分けに注意が必要な語① 二重母音と長母音

　ある母音に続けて他の母音を発音するものを**二重母音**，母音を長く伸ばして発音するものを**長母音**という。例えば [ou]（二重母音）と [ɔː]（長母音）などである。品詞や用法から判断することができるものもあるが，同じ品詞のものは文脈などから聞き分ける必要がある。

二重母音／長母音
- boat [boʊt]「ボート」／ bought [bɔːt]「buy「買う」の過去・過去分詞形」
- coat [koʊt]「コート」／ caught [kɔːt]「catch「捕まえる」の過去・過去分詞形」
- coast [koʊst]「沿岸」／ cost [kɔːst, kɑ(ː)st]「費用，～を犠牲にする」
- so [soʊ]「だから」／ saw [sɔː]「ノコギリ，see「見る」の過去形」
- won't [woʊnt]「will not の短縮形」／ want [wɔːnt, wɑ(ː)nt]「～を欲する」

📍 聞き分けに注意が必要な語② 間違いやすい発音の単語

　発音が似ている単語は聞き分けに注意が必要である。間違った発音で覚えていると，全く別の単語の意味と勘違いしてしまうといったことが起こりかねないので，注意して確認しておこう。

- walk [wɔːk]「歩く」／ work [wəːrk]「働く，仕事」
- height [haɪt]「高さ（high の名詞形）」／ hate [heɪt]「嫌う，憎む」
- conscience [ká(ː)nʃəns]「良心」／ conscious [ká(ː)nʃəs]「意識がある」
- diary [dáɪəri]「日記」／ dairy [déəri]「乳製品」／ daily [déɪli]「毎日の」
- lead [led]「鉛」／ lead [liːd]「導く」
- tear [tɪər]「涙」／ tear [teər]「引き裂く」
- east [iːst]「東」／ yeast [jiːst]「イースト菌」
- base [beɪs]「基礎」／ vase [veɪs]「花瓶」
- heel [hiːl]「かかと」／ feel [fiːl]「感じる」

　以下の2つもローマ字読みしないように注意しよう。
- launch [lɔːntʃ]「売り出す」
- haunted [hɔ́ːntɪd]「取り憑かれた」

📍 名詞の多義語

　1つの単語が複数の意味を持つものがある。放送文中で使われていたものと別の意味で選択肢が作られているパターンもあるのでチェックしておこう。

- **figure**
  (1) 数字　letters and figures「文字と数字」
  (2) 姿・形　She has a good figure.「彼女はスタイルがよい」
  (3) 人物　public figures「公人」
  (4) 図　Figure. 1「図1」

- **charge**
  (1) 料金　table charge「席料」
  (2) 責任　He is in charge of our class.「彼はうちのクラスの担任だ」
  (3) 出費　at my own charge「自費で」

- **term**
  - (1) 言葉　technical terms「専門用語」
  - (2) 期間　long term「長期」
  - (3) 関係　I'm on good terms with her.「私は彼女と仲がよい」

- **subject**
  - (1) 主語・主題・主体　a subject「主体」⇔ an object「客体」
  - (2) 被験者　a subject「被験者」⇔ an experimenter「実験実施者」
    ＊a subject「被験者」ではなく，a participant「参加者」と言うことが多い。
  - (3) 臣下　a subject「臣下」⇔ a monarch「君主」

- **right**
  - (1) 右　right「右」⇔ left「左」
  - (2) 権利　human rights「人権」

- **bill**
  - (1) 勘定，請求書　split a bill「割り勘にする」
  - (2) 法案　pass a bill「法案を可決する」

- **order**
  - (1) 秩序　order「秩序」⇔ chaos「混沌」
  - (2) 注文　May I take your order?「ご注文はお決まりですか」

- **story**
  - (1) 物語　a heart-warming story「心温まる物語」
  - (2) 階　a second story（= a second floor）

- **state**
  - (1) 国家，州　a nation-state「国民国家」
  - (2) 状態　a state of affairs「物事の状態」

第 5 問

モノローグ③
テーマ理解，表完成（講義）

設問数	**4** 問
マーク数	**7** つ
配点	**15** 点
放送回数	**1** 回

難易度：★★★

GUIDANCE　英語の講義を聞き，その内容に関する設問に答える問題。まず，紙に書かれた「状況」と「ワークシート」と「設問」を確認する。その後長めの講義を聞き，ワークシートの空所補充と，学生2人の発言が講義内容に一致しているかの設問に答える。次に，講義に関するグループメンバーのディスカッションを聞き，資料付きの問題を解く。放送回数は1回のみ。

例　題

第5問は**問1**から**問7**の7問です。最初に講義を聞き，**問1**から**問5**に答えなさい。次に**問6**と**問7**の音声を聞き，問いに答えなさい。**状況，ワークシート，問い及び図表を読む時間が与えられた後，音声が流れます。**

状況

　あなたはアメリカの大学で，幸福観についての講義を，ワークシートにメモを取りながら聞いています。

ワークシート

○ **World Happiness Report**

・Purpose: To promote 〔　　1　　〕 happiness and well-being

・Scandinavian countries: Consistently happiest in the world (since 2012)

　Why? ⇒ "**Hygge**" lifestyle in Denmark

　　　　　　↓　spread around the world in 2016

○ **Interpretations of Hygge**

	Popular Image of Hygge	Real Hygge in Denmark
What	2	3
Where	4	5
How	special	ordinary

問1 ワークシートの空欄 | 1 | に入れるのに最も適切なものを，四つの選択肢
（①〜④）のうちから一つ選びなさい。

① a sustainable development goal beyond

② a sustainable economy supporting

③ a sustainable natural environment for

④ a sustainable society challenging

問2〜5 ワークシートの空欄 | 2 | 〜 | 5 | に入れるのに最も適切なものを，
六つの選択肢（①〜⑥）のうちから一つずつ選びなさい。選択肢は2回以
上使ってもかまいません。

① goods

② relationships

③ tasks

④ everywhere

⑤ indoors

⑥ outdoors

問6 講義後に，あなたは要約を書くために，グループのメンバーA，Bと，講義
内容を口頭で確認しています。それぞれの発言が講義の内容と一致するかど
うかについて，最も適切なものを四つの選択肢（①〜④）のうちから一つ選
びなさい。 | 6 |

① Aの発言のみ一致する

② Bの発言のみ一致する

③ どちらの発言も一致する

④ どちらの発言も一致しない

第5問

第5問はさらに続きます。

問7 講義の後で, Joe と May が下の図表を見ながらディスカッションをしていま
す。ディスカッションの内容及び講義の内容からどのようなことが言えるか,
最も適切なものを, 四つの選択肢 (① ~ ④) のうちから一つ選びなさい。

7

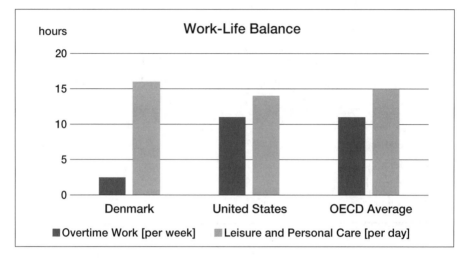

① People in Denmark do less overtime work while maintaining their
productivity.

② People in Denmark enjoy working more, even though their income is
guaranteed.

③ People in OECD countries are more productive because they work more
overtime.

④ People in the US have an expensive lifestyle but the most time for leisure.

（共通テスト試作問題）

問題の解き方

ステップ1　放送文が流れる前の準備をする！

　放送文が流れる前に日本語で書かれた「状況」をきちんと読んでおく。その上でワークシートからどのような講義内容になるのかを予測しておくことが大事。さらに，質問文と選択肢に目を通しておく。特に資料の内容とディスカッションの関係が問われる問題に関してはきちんと目を通しておこう。

ステップ2　放送文を聞き，ワークシートの穴埋め問題を解く！

　放送文を聞きながら，ワークシートにメモをしていくことで，穴埋め問題を素早く処理できるようにしよう。そうすれば，時間のかかる後半の放送文の内容真偽問題や資料問題に余裕を持って取り組める。

ステップ3　放送文の内容真偽問題を解く！

　完成したワークシートと放送文の内容をもとに追加の放送文を聞く。放送文では講義の内容に関して2人がそれぞれ発言する。それぞれの発言が講義内容と一致しているかを判断する。気をつけなければならないことは，どちらか1人が正解の可能性だけでなく，2人とも正解／不正解の可能性があるということである。

ステップ4　講義の続きに関する問題を解く！

　追加の放送文である講義後のディスカッションを聞き，講義全体とディスカッションの内容を踏まえ，資料の内容に最も合致する選択肢を選ぶ。

第5問

解答	問1 ②	問2 ①	問3 ②	問4 ⑤
	問5 ④	問6 ③	問7 ①	

問 1 〜 5

ワークシートの訳

○ 世界幸福度報告
  ・目的：幸福と厚生 [1] を促進するため
  ・スカンジナビア諸国：連続して幸福度世界 1 位（2012 年以降）
   なぜ？⇒ デンマークの "ヒュッゲ" というライフスタイル
                    ↓ 2016 年に世界的に広まる
○ ヒュッゲの解釈

	ヒュッゲの一般的イメージ	デンマークの真のヒュッゲ
何を	[2]	[3]
どこで	[4]	[5]
どのように	特別	普通

放送文と訳

₁ What is happiness? ₂ Can we be happy and promote sustainable development? ₃ Since 2012, the *World Happiness Report* has been issued by a United Nations organization to develop new approaches to economic sustainability for the sake of happiness and well-being. ₄ The reports show that Scandinavian countries are consistently ranked as the happiest societies on earth. ₅ But what makes them so happy? ₆ In Denmark, for example, leisure time is often spent with others. ₇ That kind of environment makes Danish people happy thanks to a tradition called "hygge," spelled H-Y-G-G-E. ₈ Hygge means coziness or comfort and describes the feeling of being loved.

₁ This word became well-known worldwide in 2016 as an interpretation of mindfulness or wellness. ₂ Now, hygge is at risk of being commercialized. ₃ But hygge is not about the material things we see in popular images like candlelit rooms and cozy bedrooms with hand-knit blankets. ₄ Real hygge happens anywhere — in public or in private, indoors or outdoors, with or without candles. ₅ The main point of hygge is to live a life connected with loved ones while making ordinary essential tasks meaningful and joyful.

₁ Perhaps Danish people are better at appreciating the small, "hygge" things in life because they have no worries about basic necessities. ₂ Danish people willingly pay from 30 to 50 percent of their income in tax. ₃ These high taxes pay for a good welfare system that provides free healthcare and education. ₄ Once

| 144 |

basic needs are met, more money doesn't guarantee more happiness. ₅While money and material goods seem to be highly valued in some countries like the US, people in Denmark place more value on socializing. ₆Nevertheless, Denmark has above-average productivity according to the OECD.

₁幸福とは何であろうか。₂われわれは幸福になることが，そして持続可能な発展を促進することができるだろうか。₃2012 年以降，「世界幸福度報告」が，幸福と厚生のために経済的持続可能性への新しいアプローチを模索するため，国連のある組織によって刊行されている。₄この報告書によれば，スカンジナビア諸国は世界で最も幸福な社会としてずっと高く評価されている。₅しかし，スカンジナビア諸国の人々をこれほどまでに幸福にしているものは何であろうか。₆例えば，デンマークでは余暇時間は他人と過ごすことが多い。₇H-Y-G-G-E というスペルの「ヒュッゲ」と呼ばれる伝統のおかげで，そのような環境の中でデンマーク人は幸せでいられるのだ。₈ヒュッゲとは，暖かく居心地のよい快適さを意味しており，愛されているという感情を表すものだ。

₁この言葉は 2016 年に，マインドフルネスやウェルネスの 1 つの解釈として世界的に広まった。₂現在では，ヒュッゲは商用化される危険にさらされている。₃しかし，ヒュッゲとはロウソクの灯りで照らされた部屋や，手編みの毛布のある快適な寝室のような大衆的なイメージに見られるような物質的なものではない。₄真のヒュッゲは公共の場であろうとプライベートであろうと，屋内もしくは屋外であれ，ロウソクがあろうとなかろうとどこでも生じるものなのだ。₅ヒュッゲで重要なことは，当たり前の欠かせない作業を意義があり楽しいものにしながら，愛する人とつながった暮らしを送ることなのである。

₁おそらくデンマークの人々は基本的な必需品に関して一切心配する必要がないので，暮らしの中のささやかな「ヒュッゲ」なものを大切にすることに長けているのであろう。₂デンマーク人は自分の所得の 30 から 50 パーセントを快く納税する。₃このような高額の税金は医療や教育を無償で提供する優れた福祉制度のために使われている。₄基本的ニーズが一旦満たされてしまえば，より多くのお金を持っているからといってさらなる幸福は保証されないのである。₅アメリカのような一部の国ではお金と物質的財がどうやら高く評価されているようであるが，デンマークの人々はそれよりも大きな価値を人間同士のつながりに置いているのだ。₆それにもかかわらず，OECD（経済協力開発機構）によると，デンマークは平均以上の生産性を有している。

問1

選択肢の訳

① 〜を超えた持続可能な開発目標

② 〜を支える持続可能な経済

③ 〜のための持続可能な自然環境

④ 〜に挑戦する持続可能な社会

問2〜5

選択肢の訳

①	モノ・商品	②	人間関係	③	作業
④	どこでも	⑤	屋内で	⑥	屋外で

解説

ステップ1 放送文が流れる前の準備をする！

　まず，「状況」を確認し，講義の内容は「幸福観」であるということを踏まえて，ワークシートに目を通す。2つの項目 World Happiness Report「世界幸福度報告」，Interpretations of Hygge「ヒュッゲの解釈」と，空所になっている部分を中心に確認していく。Hygge というなじみのない単語があるが，放送文中で明らかになるはずなので，この時点であまり深く考え込む必要はない。この問題では，次の2つが放送文で聞き取るべき空所穴埋めのためのポイントである。

・**World Happiness Report「世界幸福度報告」の目的。**

・**Popular Image of Hygge「ヒュッゲの一般的なイメージ」と Real Hygge in Denmark「デンマークの真のヒュッゲ」の違い。**

ステップ2 放送文を聞き，ワークシートの穴埋め問題を解く！

問1

　放送文の第1段落の第3文に，to develop new approaches to economic sustainability for the sake of happiness and well-being「幸福と厚生のために経済的持続可能性への新しいアプローチを摸索するために」とあるので，②**a sustainable economy supporting (happiness and well-being)「(幸福と厚生) を支える持続可能な経済」**が正解。持続可能性の中でも economic sustainability「経済的持続性」ということなので，a sustainable natural environment「持続可能な自然環境」とある③は不適。また，for the sake of happiness and well-being「幸福と厚生のために」とあるので，beyond happiness and well-being「幸福と厚生を超えて」となる①や，challenging happiness and well-being「幸福や厚生に挑

戦する」となる ④ は不適。

問 2 ～ 5

　ヒュッゲの大衆的なイメージと，デンマークでの実際のヒュッゲの対比を捉えることが重要。これらは異なるものである。まず，大衆がイメージするヒュッゲは放送文の第 2 段落第 3 文にあるように，candlelit rooms and cozy bedrooms with hand-knit blankets「ロウソクの灯りで照らされた部屋や，手編みの毛布のある快適な寝室」のような material things「物質的なもの」なので，空欄　2　には ① goods「モノ・商品」が入り，空欄　4　には ⑤ indoors「屋内で」が入る。

　それに対し，実際のヒュッゲは放送文第 2 段落第 4 文で Real hygge happens anywhere「真のヒュッゲはどこでも生じる」と言っているので，空欄　5　には ④ everywhere「どこでも」が入る。また，次の第 5 文で The main point of hygge is to live a life connected with loved ones「ヒュッゲで重要なことは，愛する人とつながった暮らしを送ることだ」とあるので，空欄　3　は ② relationships「人間関係」が入る。

着眼点

　第 5 問は大学の講義という設定なので，普段の英語学習ではあまり目にしない学術用語や専門用語が出てくることもある。こうした用語は，放送文の講義の中で，必ずその意味をわかりやすく説明したり，具体例を挙げたりしてその意味や定義がわかるようになっているので，慌てずに聞いていこう。

問 6

〔放送文と訳〕

Student A: Danish people accept high taxes which provide basic needs.
Student B: Danish people value spending time with friends more than pursuing money.

学生 A：デンマーク人は基本的ニーズを提供している高い税金を受け入れている。
学生 B：デンマーク人はお金を追い求めることより友人たちと過ごす時間の方を大切にしている。

ステップ3 放送文の内容真偽問題を解く！

　本問では講義を受けた学生 A と B の 2 人が講義内容に関して発言する。学生 A はデンマークの高い税金が医療や教育などの基本的ニーズの提供につながっているため，税率が高くてもデンマーク人が不満でないことに言及している。これは放送文第 3 段落第 2・3 文 Danish people willingly pay from 30 to 50 percent of their income in tax. These high taxes pay for a good welfare system that provides free healthcare and education.「デンマーク人は自分の所得の 30 から 50 パーセントを快く納税する。このような高額の税金は医療や教育を無償で提供する優れた福祉制度のために使われている」より，講義内容と合致。

　また，学生 B はヒュッゲに代表されるデンマーク人の生き方について言及している。これは放送文第 3 段落第 5 文 people in Denmark place more value on socializing「デンマークの人々はそれよりも大きな価値を人間同士のつながりに置いている」より，講義内容と合致している。以上より，学生 A，B の発言は両方とも講義内容に合致しているので，正解は③。

 着眼点

　放送文の講義はこれまでの問題と比べても分量が多いので，メモをせずに耳だけで聞いてその内容を完全に把握するのは難しい。とはいえ，放送文はほぼワークシートにまとめられている内容の順番に情報が流れてくるので，ワークシートに登場する語句に注目し，目で追いながら聞いていこう。

　ただし，この問 6 のように，講義内容でワークシートに載っていないことも問われるので，ワークシートが完成しても安心せずにきちんと講義内容を把握しておこう。

問 7

放送文と訳

Joe: Look at this graph, May. People in Denmark value private life over work. How can they be so productive?

May: Well, based on my research, studies show that working too much overtime leads to lower productivity.

Joe: So, working too long isn't efficient. That's interesting.

ジョー：メイ，このグラフを見てごらん。デンマークの人は仕事よりも自分の生活を大

切にしているね。どうしてデンマーク人はこんなに生産性が高いんだろう？

メイ　：そうね，私が調べた感じだと，複数の研究結果が，労働時間が長すぎると生産
性が落ちると示しているようね。

ジョー：そうか。長時間労働は効率的ではないんだね。面白いね。

図の訳

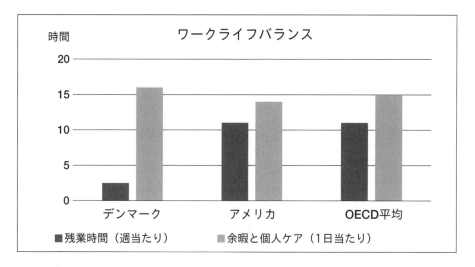

選択肢の訳

① デンマーク人は生産性を維持しているのに，残業時間が少ない。

② デンマーク人は収入が保証されているにもかかわらず，長時間働くことを楽しん
でいる。

③ OECD 諸国の人々はより長く残業をしているのでより生産性が高い。

④ アメリカ人はお金のかかるライフスタイルなのに最も余暇時間が長い。

ステップ4 講義の続きに関する問題を解く！

　まずはグラフを見る。最初にチェックしておくのは表題の Work-Life Balance「ワークライフバランス」である。この表題を踏まえて，グラフの縦軸と横軸を見る。縦軸は時間，横軸は週当たり残業時間と1日当たりの余暇時間・個人ケアについて，デンマークとアメリカと OECD 平均の3つが比較されている。講義のテーマはデンマークのヒュッゲなので，他と比較したデンマークの特徴に注目する。デンマークは他の2つよりも圧倒的に残業時間が少なく，余暇時間・個人ケアに1日15時間超を費やしていて OECD 平均よりも長い。

　また，講義において放送文第3段落の最終文で Denmark has above-average productivity according to the OECD「OECD によると，デンマークは平均以上の生産性を有している」とあるので，デンマークはプライベートの時間をきちんと確保しながら，一方で生産性も高く残業時間が少ないことがわかる。したがって，① が正解。

❖誤答分析❖

　② は，デンマーク人は「長時間働く」という部分が資料の残業時間が最短であることと異なるので不適。③ は，メイの発言から，残業時間が長いと生産性が落ちるはずなので，「残業時間が長い」から「生産性が高い」というロジックは成り立たず不適。最後に ④ は，資料にある1日当たりの余暇時間ならびに個人ケアに関してアメリカは OECD 平均よりも短いことがわかるので，後半の（have）the most time for leisure「最も余暇時間が長い」という部分が誤り。

　着眼点

　　放送開始前に資料であるグラフなどの図表に目を通しておくことが大事。今回の講義テーマはデンマークのヒュッゲだが，図表にはアメリカと OECD が存在するので，講義やディスカッションでこの2つが登場する部分をきちんと聞き取っておくことが大事である。

　　また，ディスカッションにおいて（労働）生産性と残業時間の関係について，「残業時間が長いと生産性は低下する」ということが語られている。この因果関係（負の相関）についてもきちんと聞き取り理解しておくことが大切になるだろう。

ワークシートと設問

- ☐ promote 動 〜を促進する
- ☐ well-being 名 厚生（生活を健康で豊かにすること）
- ☐ consistently 副 一貫して
- ☐ interpretation 名 解釈
- ☐ indoors 副 屋内で ⇔ ☐ outdoors 副 屋外で
- ☐ overtime work 残業
- ☐ personal care 個人ケア（睡眠を含めた個人の時間）
- ☐ productivity 名 生産性
- ☐ guarantee 動 〜を保証する
- ☐ productive 形 生産性が高い

放送文

- ☐ sustainable development 持続可能な発展
- ☐ Scandinavian 形 スカンジナビアの
- ☐ coziness 名 居心地のよさ
- ☐ mindfulness 名 マインドフルネス（現在起こっている経験に注意を向ける心理的過程）
- ☐ wellness 名 ウェルネス（よりよく生きようとする生活態度）
- ☐ candlelit（＝ candlelighted） 形 ロウソクで照らされた
- ☐ appreciate 動 〜を正当に評価する
- ☐ welfare system 福祉制度
- ☐ basic needs（basic human needs） 基本的ニーズ（食料・水・衣類・住居・交通機関・教育・医療など生活を営む上で不可欠なものへのアクセス）
- ☐ value 動 〜を評価する
- ☐ socializing ＜ socialize 動 打ち解けて付き合う
- ☐ above-average 形 平均以上の
- ☐ pursue 動 〜を追求する

チャレンジテスト

第 5 問は問 1 から問 7 の 7 問です。最初に講義を聞き，問 1 から問 5 に答えなさい。次に問 6 と問 7 の音声を聞き，問いに答えなさい。**状況，ワークシート，問い及び図表を読む時間が与えられた後，音声が流れます。**

 14

状況

　あなたはアメリカの大学で，地方の過疎化（depopulation）についての講義を，ワークシートにメモを取りながら聞いています。

ワークシート

○ **Depopulation in rural areas in the US since 1950**

Population in 1950　　　　　　　　　　　　　Population in 2019

9.3 million　　　　→　Population Change　→　| 1 |

○ **Trends in Population Change**

Types of Area	Population Change	Migration Age
Metropolitan Areas (Large Towns/Cities)	growing	in-migration of 2
Rural Areas Close to Metropolitan Areas	declining of younger people	in-migration of 3
Remote Rural Areas	4	out-migration of 5

問1 ワークシートの空欄 1 に入れるのに最も適切なものを，四つの選択肢
（①〜④）のうちから一つ選びなさい。

① 3.1 million
② 3.5 million
③ 6.2 million
④ 12.4 million

問2〜5 ワークシートの空欄 2 〜 5 に入れるのに最も適切なものを，
六つの選択肢（①〜⑥）のうちから一つずつ選びなさい。選択肢は2回以
上使ってもかまいません。

① declining
② growing
③ no change
④ older people
⑤ middle-aged people
⑥ young people

問6 講義後に，あなたは要約を書くために，グループのメンバー A，B と，講義
内容を口頭で確認しています。それぞれの発言が講義の内容と一致するかど
うかについて，最も適切なものを四つの選択肢（①〜④）のうちから一つ選
びなさい。 6

① Aの発言のみ一致する
② Bの発言のみ一致する
③ どちらの発言も一致する
④ どちらの発言も一致しない

第5問はさらに続きます。

問 7 講義の後で，Bill と Sue が下の図表を見ながらディスカッションをしています。ディスカッションの内容及び講義の内容からどのようなことが言えるか，最も適切なものを，四つの選択肢 (①～④) のうちから一つ選びなさい。

7

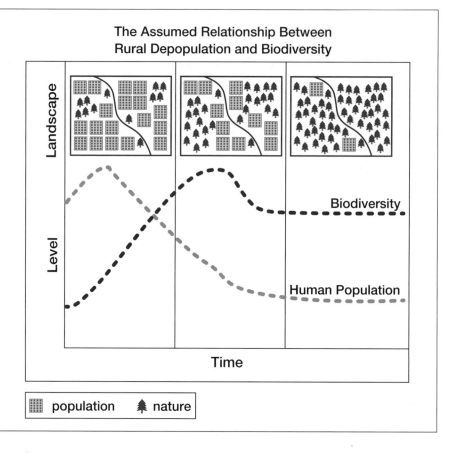

① A high level of biodiversity has a negative influence on human life.

② Changes in biodiversity have little to do with human population.

③ Biodiversity increases rapidly in completely depopulated rural areas.

④ A moderate level of human activity supports a high level of biodiversity.

チャレンジテストの解答・解説

> **解答**　問1 ③　問2 ⑥　問3 ④　問4 ①
> 問5 ⑥　問6 ②　問7 ④

問1〜5

ワークシートの訳

○ **1950 年以降の米国における地方の人口減少**

1950 年の人口　　　　　　2019 年の人口

930 万　　→　人口変動　→　| 1 |

○ **人口変動の動向**

地域の種類	人口変動	移住者の年齢
大都市圏（大きな町／都市）	増加	2 の転入
大都市近郊地域	若年層の減少	3 の転入
遠隔農村地域	4	5 の転出

放送文と訳

₁Many countries around the world are suffering from rural depopulation and America is no exception. ₂Rural depopulation means that the population in parts of the countryside is declining while the population in large towns and cities is increasing. ₃In the US, around 35% of all rural counties are depopulating. ₄In 1950, 9.3 million people lived in these rural counties but the population has declined by 3.1 million since then.

₁Rural areas can be divided into two categories. ₂First, there are remote rural populations that are far from large towns or cities. ₃These areas generally see the most drastic depopulation as young people migrate to metropolitan areas in search of employment. ₄This "out-migration" is mostly caused by the modernization of agriculture and industry. ₅Fewer people are needed to work on farms these days, so young people need to search for work in cities. ₆This leaves

156

an elderly population in remote rural areas.

₁Second, there are rural areas that are close to cities. ₂These rural areas are actually seeing the opposite trend. ₃Although young people from these areas still tend to move to the cities, older people are migrating into these rural areas from cities to enjoy a healthier living environment. ₄Rural areas close to cities tend to have better facilities and are popular with people looking to retire surrounded by nature. ₅Metropolitan areas are the only areas seeing younger people migrating in and older people migrating out.

₁These trends are unlikely to change soon. ₂In fact, some remote rural populations are likely to disappear completely in the future.

₁世界中の多くの国々が地方の過疎化に苦しんでおり，米国もまた例外ではない。₂地方の過疎化とは，大きな町や都市では人口が増加しているのに対し，地方の一部では人口が減少していることを意味する。₃米国では全ての地方の郡の約35%で過疎化が生じている。₄1950年，930万人の人々がこうした地方の郡で暮らしていたが，それ以降人口は310万人減少している。

₁地方は2種類に分類することができる。₂1つ目に，大きな町や都市から遠く離れた遠隔農村地域に住む人々がいる。₃こうした地域では一般的に最も極端な人口減少が起こる。というのも，若年層が職を求めて大都市圏へ移住するからだ。₄この「流出」は主に農業と工業の近代化によって引き起こされる。₅近年農場で必要とされる労働者の数が減ったので，若者たちは都市部に仕事を探しに行く必要があるのだ。₆こうして高齢者が遠隔農村地域に残されることになる。

₁2つ目は，都市に近い郊外地域である。₂実は，これらの地域では逆向きの傾向が見られる。₃都市部近郊からはいまだに若者が都市部へ移住する傾向があるけれども，より健康的な生活環境を楽しむために，高齢者が都市部からこれらの地域に移住しているのだ。₄都市部近郊には，よりよい各種施設があることが多く，自然に囲まれた環境で退職後の生活を送りたいという人々に人気なのだ。₅大都市圏は若年層が流入し，高齢層が流出している唯一の地域である。

₁こうした傾向はすぐには変わらないだろう。₂実際，遠隔農村地域の中には将来住民が完全にいなくなってしまう可能性が高いところもある。

問1

① 310万
② 350万
③ 620万
④ 1,240万

問2〜5

① 減少している
② 増加している
③ 変化なし
④ 高齢者
⑤ 中年層
⑥ 若者

解説

ステップ1 放送文が流れる前の準備をする！

　放送開始までに状況とワークシート，さらに質問文と選択肢にも目を通しておく。まずワークシートのタイトル Depopulation in rural areas in the US since 1950「1950年以降の米国における地方の人口減少」に注目。これが講義のテーマだと予測する。次に表の空所になっている部分を中心に確認していく。

　ワークシートの空欄 1 は，2019年の人口を表しているので，**人口に関する数値を聞き取る**ことがポイントとなる。

　表に目を向けると一番左 Types of Area「地域の種類」に Metropolitan Areas (Large Towns/Cities)「大都市圏（大きな町／都市）」，Rural Areas Close to Metropolitan Areas「大都市近郊地域」，Remote Rural Areas「遠隔農村地域」という3つの地域が書かれている。項目の見出しは Population Change「人口変動」と Migration Age「移住者の年齢」なので，**これらの地域それぞれで人口は増えたのか減ったのか，移住者はどの年齢層なのか**がもう1つの放送文を聞くポイントであるとわかる。in-migration, out-migration は見慣れない語かもしれないが，migration「移住」に関して誰かが in/out することなどと見当をつけよう。

ステップ2 放送文を聞き，ワークシートの穴埋め問題を解く！

問1

　放送文の第1段落最終文の the population has declined by 3.1 million since then「それ（＝1950年）以降，人口は310万人減少している」から，2019年時点の人口は930万人−310万人＝620万人とわかるので正解は ③。

問2～5

　第2段落第1文 Rural areas can be divided into two categories.「地方は2種類に分類することができる」より，都市／地方という区分が，都市／地方(1)／地方(2)の3区分になることがわかる。続く第2文に First, there are remote rural populations「1つ目に，遠隔農村地域に住む住民がいる」とあるので，地方(1)＝遠隔農村地域で，この部分はワークシートの表の一番下の行についての説明だとわかる。第3文 These areas generally see the most drastic depopulation as young people migrate to metropolitan areas「こうした地域では一般的に最も極端な人口減少が起こる。というのも，若年層が大都市圏へ移住するからだ」より，　4　は ① declining「減少している」，　5　は ⑥ young people「若者」が正解。

　第3段落第1文 Second, there are rural areas that are close to cities.「2つ目は，都市に近い郊外地域である」より，地方(2)＝都市部近郊だとわかる。これは，ワークシートの表の3行目（Rural Areas Close to Metropolitan Areas）の部分である。同段落第3文 Although young people from these areas still tend to move to the cities, older people are migrating into these rural areas from cities「こうした地域からはいまだに若者が都市部へ移住する傾向があるけれども，高齢者が都市部からこれらの地域に移住している」より，　3　は ④ older people「高齢者」が正解。

　残る　2　は大都市圏である。大都市圏については，第3段落最終文に Metropolitan areas are the only areas seeing younger people migrating in「大都市圏は若年層が流入している唯一の地域である」とあることから，⑥ young people「若者」が正解。

問6

Student A: Some metropolitan areas suffer from out-migration of younger people.
Student B: Rural areas far from metropolitan areas see the most depopulation.

学生Ａ：若年層の流出に苦しんでいる都市部もある。

学生Ｂ：都市部から遠く離れた地方は最も過疎が起こっている。

解説

ステップ3 放送文の内容真偽問題を解く！

　　学生Ａは若年層が流出している地域について言及している。第3段落第3文 Although young people from these areas still tend to move to the cities, older people are migrating into these rural areas from cities「こうした地域からはいまだに若者が都市部へ移住する傾向があるけれども，高齢者が都市部からこれらの地域に移住している」より，都市部近郊の田舎では若者は都市部へ流出していることがわかる。また，第1段落第2文 the population in large towns and cities is increasing「大きな町や都市では人口が増加している」と第3段落第5文 Metropolitan areas are the only areas seeing younger people migrating in and older people migrating out.「大都市圏は若年層が流入し，高齢層が流出している唯一の地域である」より，都市部は若者の人口が増えていることがわかる。一方，大都市圏が若者の流出に悩んでいるということは講義で一切言及されていないので，学生Ａの発言は誤り。

　　学生Ｂは都市部から遠い地方の人口減少に言及している。第2段落第3文 These areas generally see the most drastic depopulation as young people migrate to metropolitan areas「こうした地域（＝遠隔農村地域）では一般的に最も極端な人口減少が起こる。というのも，若年層が大都市圏へ移住するからである」より言えることは「都市部から遠い地方（遠隔農村地域）の人口減少が著しい」ということである。これにより学生Ｂの発言は正しい。よって，②が正解。

問7

放送文と訳

Bill: Look at this graph, Sue. It shows the relationship between human population and biodiversity. Biodiversity means the number of different species of plants and animals living in a certain area.

Sue: I see that rural depopulation has an interesting effect on the environment.

Bill: Yes, it looks like biodiversity does not necessarily increase as the human population decreases.

ビル：スー，このグラフを見て。人口と生物多様性の関係を示しているよ。生物多様性とは，ある地域に生息する異なる種類の動植物の数を意味しているんだ。

スー：地方の人口減少が環境に与える影響は興味深いわね。

ビル：そうだね。どうやら人口が減少していくにつれて生物多様性が必ず増加するって
　　　わけでもないみたい。

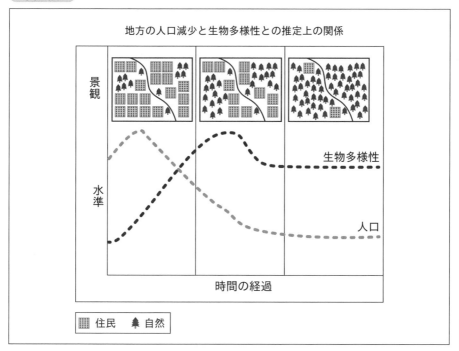

地方の人口減少と生物多様性との推定上の関係

景観

水準

生物多様性

人口

時間の経過

住民　　自然

① 高レベルの生物多様性は人間の生活に悪影響を与える。

② 生物多様性の変化は人口とほとんど関係がない。

③ 完全に過疎化した地方では生物多様性が急激に高まる。

④ 適度な人間活動は，高レベルの生物多様性を育む。

解説

ステップ4 講義の続きに関する問題を解く！

　グラフを見ていくと，一番上の Landscape「景観」のところに図が3つある。
凡例より住民と自然の割合を示す図である。右側に行くほど「住民＜自然」とな
っている。よって，横軸の時間経過とともに人口減少および自然の増加が生じて
いる様子を表していると考えられる。

Level「水準」の部分を見ると，グラフの Human Population「人口」は人口の増減を表している。また，Biodiversity「生物多様性」はビルが述べたように，存在する動植物種の多様さの増減を示している。

図の一番左の段階では，人口が増加してピークを迎えた後，減少に転じている。一方で生物多様性は高まり続けている。そして真ん中の段階では，人口は減少を続けている。生物多様性は上昇をしたのち減少に転じる。一番右の段階では人口が低位安定しているが，生物多様性に変化はなく，安定水準のままである。

ビルの最後の発言より，人口減少に伴う生物多様性の増加が止まる真ん中の段階に注目する。人口が減りすぎると生物多様性も減少に転じてしまうことから，高レベルの生物多様性の維持には適度な人口が必要だと言える。よって ④ が正解。

❖誤答分析❖

① は，「高レベルの生物多様性は人間の生活に悪影響を与える」とある。放送文のスーの発言 rural depopulation has an interesting effect on the environment「地方の人口減少が環境に与える影響は興味深い」から，独立変数（＝原因）が「人口」であり，従属変数（＝結果）が「生物多様性」である。この因果関係はグラフより，人口が先行して変化することで生物多様性がそれに続いて変化していることからも確認できる。よって，① は生物多様性を原因，人口を結果と捉えており，因果関係が逆転しているので誤り。

② は，「生物多様性の変化は人口とほとんど関係がない」とあるが，人口の変化とそれに伴う生物多様性を図のグラフが表しているので誤り。

③ は，「完全に過疎化した地方では生物多様性が急激に高まる」とあるが，完全に過疎化するということは人口が減少しきった状態ということ。図においては真ん中の後半の段階から一番右の段階であると考えられるが，生物多様性は一定水準で安定しており，「急激に」増減することはない。よって，③ は誤り。

語句

ワークシートと設問

☐ depopulation 图 人口減少

☐ rural 形 田舎の

☐ trend 图 動向，傾向

☐ migration 图 移住

☐ metropolitan 形 大都市の

☐ decline 動 減少する

☐ remote 形 人里離れた，遠い

☐ assumed 形 仮定した，推定上の

☐ biodiversity 名 生物多様性

    cf. diversity：多様性（時事英語のキーワードである）

    ethnic diversity：民族多様性（＝さまざまな民族が共存していること）

    cultural diversity：文化的多様性（＝さまざまな文化を許容し共存すること）

    gender diversity：「性別の」多様性（LGBT など多様な性のあり方を許容すること）

☐ landscape 名 景観

☐ moderate 形 適度な

放送文

☐ suffer from ～ ～に苦しむ

☐ exception 名 例外

☐ divide ～ into ... ～を…に分ける

☐ category 名 種類，カテゴリー

☐ see 動 ～を経験する，～ということがある

☐ drastic 形 極端な

☐ migrate 動 移住する

☐ in search of ～ ～を探して

☐ employment 名 雇用

☐ modernization 名 近代化

☐ agriculture 名 農業

☐ opposite 形 反対の

☐ facility 名 設備，施設

☐ surround 動 ～を囲む

第5問

　共通テストのリスニング問題では，講義（授業）を聞く形の問題が出題される。このような問題では，ディスコースマーカー（discourse marker）を意識して聞くと，文章の流れがつかめ，内容を理解しやすくなる。ディスコースマーカーとは，英文の流れや論理展開を示す目印となる語や句のことで，例えば〈逆接・対比〉を表す however や，〈因果関係〉を表す therefore などがある。

📍「通説」と「自説」の対比／逆接

　世間で信じられている「常識」や多数派が唱える「通説」を示しつつ，自分の言いたいことである「自説・主張」を対比させながら示すのが講義の特徴である。つまり次のような対立関係が生じることが多い。

> 通説・常識（A）⇔ 自説・主張（B）

　リスニングでは講義をしている人本人の主張が重要なため，当然，（B）の自説や主張をきちんと聞き取る必要がある。この対比の基本形は，次のような形で現れる。

> 通説・常識（A）＋ 逆接の接続語など ＋ 自説・主張（B）

（A）に入る表現

・**Many people believe that ~** 「~と信じている人が多い」
・**Most people think that ~** 「~と考えている人がほとんどだ」
・**It is often said that ~** 「~とよく言われている」
・**They say that ~** 「~という話だ」
・**I hear that ~** 「~というのを耳にする」
・**You may[might] ~** 「~と（ひょっとしたら）考えているかもしれない」
・**usually ~** 「大抵の場合~」
・**It seems that ~** 「どうやら~」
・**It is likely that ~** 「おそらく~」
・**Surely ~** 「確かに~」
・**Certainly ~** 「確かに~」

· **Clearly 〜**「明らかに〜」	
· **There is no doubt that 〜**「〜は疑いようがない」	
· **It is true that 〜**「確かに〜」　＊True, 〜 という形もある。	
· **Of course 〜**「もちろん，〜」	
· **At first 〜**「最初は〜」	

＋

「自説・主張（B）」を導く「逆接の接続語」など

逆接とは前文の内容に対して，「ところが」とか「実を言うと」のように，意外なことや対照的な内容を述べる場合に用いる表現である。

逆接の接続詞など

· **but 〜**「しかし」	＊（B）を導く表現は 2 つ組み合
· **However, 〜**「しかしながら」	わせて使われることもある。
· **in fact, 〜**「ところが実は」	㋑ but in fact 〜 /
· **actually 〜**「実を言うと」	but nevertheless 〜 /
· **yet 〜**「それでもしかし」	However, in fact 〜 など
· **nevertheless 〜**「それにもかかわらず」	

 Many people think that math is impractical, **but in fact** it is very practical and so useful.
数学は実用的ではないと考えている人が多いが，実は数学は非常に実用的でとても有用である。

 It is often said that your efforts will finally pay, **but** is that true? **Actually**, my answer is "no."
努力は最終的に報われるとよく言われているが，それは果たして本当なのだろうか。実際のところ，私の答えは「否」だ。

 Of course, I can understand what he said. **However,** that sounds like a kind of excuse for not wanting to do it.
もちろん，彼の言い分はわかる。けれども，やりたくないという言い訳にしか聞こえない。

📍 譲歩

譲歩「～だけれども」などを表す従属接続詞を用いることもある。その場合は,次のような形になる。

> **譲歩を表す接続詞＋通説・常識 (A), 自説・主張 (B)**

- **though ～**「～だけれども」
- **although ～**「～にもかかわらず」
- **while ～**「～のに,～ではあるが」

　⑩ **Although** I can understand what he said, that sounds like a kind of excuse for not wanting to do it.

　彼の言い分はわかるけれども,やりたくないという言い訳にしか聞こえない。

📍 例示

前文の具体例を示すときに用いる表現がある。この表現が出てきたら,後に続くのは具体例なので,前文の内容がわからない場合でも,具体例から推測することができる場合もある。

- **for example / for instance / such as**「例えば」
- **(let me) say**「例えば」
- **like ～ / as ～**「～のように」

　⑩ Animals living in the sea are not necessarily fish. **For example**, whales and dolphins are mammals.

　海で暮らす動物が必ずしも魚類だとは限らない。例えば,クジラやイルカは哺乳類だ。

📍 列挙

根拠や具体例などを列挙するとき,それぞれの区別がつくように順番を示す語を最初に置く。

- **【最初】first / firstly / first of all**「第一に」
  ＊first of all は列挙するものが多い（最低でも 3 つ以上）ときに使う。
- **【2 番目,それ以降】second / secondly**「第二に」**/ next**「次に」**/ then**「それから」**/ moreover**「さらに」**/ in addition**「加えて」
  ＊「3 番目に」と言うときは third や thirdly を使える。それ以降も同様。

- 【最後】finally / lastly / in conclusion「最後に」
  - 例 Electric vehicles (EVs) are more eco-friendly than ordinary automobiles for some reasons. **First**, they don't use gasoline. ... **Second**, ... **Finally**, ...
    電気自動車（EV）が従来の自動車よりも環境に優しいのにはいくつか理由がある。第一に，電気自動車はガソリンを使わない。…第二に，…。最後に，…。

📍 因果関係

「X それゆえ Y」という因果関係を表す表現も英語の講義では頻出で，文章の流れを理解するためには重要な情報である。

- **therefore**「それゆえ」
- **as a result**「結果的に，その結果」
- **in consequence / consequently**「その結果，それゆえ」
- **hence**「それゆえ」
- **that's why ～**「それだから～」
  - 例 **That's why** she hates you.
    それだから彼女は君を嫌いなんだよ。
- **accordingly**「それゆえ」
- **it follows that ～**「～ということになる，その結果～となる」
  - ＊論理的な文脈で使われることが多い。
  - 例 **It follows** from the evidence **that** there is little damage to the environment.
    その証拠から環境に対してほとんどダメージがないことがわかる。

📍 その他の注意したい表現

- **That is the case**「それは事実［真相／実情］だ」
  - 例 **That** is not **the case**.
    それは事実［真相／実情］ではない。
- **My point is that ～**「私の言いたいことは～だ」
  - ＊自分の論点を明らかにしたいときに使う。
  - 例 **My point is that** a rise in prices is necessary in order to raise wages.
    私が言いたいのは，賃金を上昇させるためには物価の上昇が必要だということだ。
- **The fact is that ～**「事実は～だ」
- **What is important here is that ～**「ここで重要なことは～だ」
- **in my opinion, ～**「私の意見は～だ」

第6問 A

長い対話 内容一致選択

設問数	**2**問
マーク数	**2**つ
配点	**6**点
放送回数	**1**回

🏮 **GUIDANCE**　長めの対話を聞き，その対話に関する2つの設問に答える問題。あらかじめ，日本語で書かれた会話の「状況」と設問に目を通してから放送文を聞くという流れ。放送文の対話の長さは5～8往復程度で，対話の内容は身近な話題であることが多い。放送回数は1回のみ。

例 題

第6問Aは**問1・問2**の2問です。二人の対話を聞き，それぞれの問いの答えとして最も適切なものを，四つの選択肢（①～④）のうちから一つずつ選びなさい。（問いの英文は書かれています。）**状況と問いを読む時間が与えられた後，音声が流れます**。

🔊 **15**

状況
　Jane が Sho とフランス留学について話をしています。

問1　What is Jane's main point?　　1

①　A native French-speaking host family offers the best experience.

②　Having a non-native dormitory roommate is more educational.

③　Living with a native speaker shouldn't be a priority.

④　The dormitory offers the best language experience.

問2　What choice does Sho need to make?　　2

①　Whether to choose a language program or a culture program

②　Whether to choose the study abroad program or not

③　Whether to stay with a host family or at the dormitory

④　Whether to stay with a native French-speaking family or not

(共通テスト)

問題の解き方

ステップ 1　状況と選択肢に目を通し，話題を予測する！

　放送文が流れる前に，紙面に書かれている「状況」と 2 つの設問を読む。選択肢に目を通し，選択肢に含まれる語句から，放送される対話がどのような話題に関するものなのかを予測する。

ステップ 2　放送文を聞きながら，話者の意見を押さえる！

　放送文を聞くときは，何が話題になっているのかに加えて，対話をしている 2 人が，それぞれどのような意見を持っているかを押さえていこう。対話の過程で意見が変わる場合もあるので，最後まで注意して聞く必要がある。

ステップ 3　話者の意見に関する問いに答える！

　紙面に書かれている 2 つの設問に答える。対話をしている 2 人それぞれの意見について 1 問ずつ問われることが多い。What is *A*'s main point?「A の主張の要点は何か」などといった質問形式で，細かい部分を問うのではなく，話題に対する話者の姿勢を問うようなものの場合が多い。

解答　問 1　③　　問 2　③

問 1 〜 2

放送文と訳

Jane: Are you all right, Sho? What's wrong?

Sho: Hey, Jane. It turns out a native French-speaking host family was not available ... for my study abroad program in France.

Jane: So you chose a host family instead of the dormitory, huh?

Sho: Not yet. I was hoping for a native French-speaking family.

Jane: Why?

Sho: Well, I wanted to experience real spoken French.

Jane: Sho, there are many varieties of French.

Sho: I guess. But with a native French-speaking host family, I thought I could experience real language and real French culture.

Jane: What's "real," anyway? France is diverse. Staying with a multilingual family could give you a genuine feel of what France actually is.

Sho: Hmm. You're right. But I still have the option of having a native speaker as a roommate.

Jane: In the dormitory? That might work. But I heard one student got a roommate who was a native French speaker, and they never talked.

Sho: Oh, no.

Jane: Yes, and another student got a non-native French-speaking roommate who was really friendly.

Sho: Maybe it doesn't matter if my roommate is a native speaker or not.

Jane: The same applies to a host family.

ジェーン：大丈夫，ショウ？　どうかしたの？

ショウ　：やあ，ジェーン。フランス語ネイティブのホストファミリーがダメになっちゃってさ…フランスでの海外留学プログラムのための。

ジェーン：ということは，あなたは学生寮ではなくてホームステイを選んだわけね？

ショウ　：まだだけど。フランス語ネイティブのホストファミリーの家を希望していたんだ。

ジェーン：どうして？

ショウ　：うーん，本物の口語フランス語に触れたかったんだ。

ジェーン：ショウ，フランス語といってもたくさんの種類があるのよ。

ショウ　：だろうね。でも，フランス語ネイティブの家族といれば，本物のフランス語と文化に触れられると思ったんだ。

ジェーン：そもそも，「本物」って何？　フランスは多様なの。多言語を使う家族と一緒にいることで，実際のフランスがどんなものかを心底感じることができるかもしれないじゃない。

ショウ　：うーん，君の言うとおりだね。でも，ネイティブスピーカーをルームメイトにするという選択肢もまだあるな。

ジェーン：寮で？　それならうまくいくかもね。でも，ある学生は，フランス語ネイティブがルームメイトだったけど，全く話さなかったって聞いたわ。

ショウ　：うそだろ。

ジェーン：本当の話よ。別の学生はフランス語ネイティブのルームメイトではなかったけど，とてもフレンドリーだったって。

ショウ　：ルームメイトがフランス語ネイティブかそうでないかは重要じゃないのかも。

ジェーン：同じことはホストファミリーにも言えるわね。

問1

【質問文と選択肢の訳】

ジェーンの（主張の）要点は何か。
① フランス語ネイティブのホストファミリーが最高の経験を提供してくれる。
② 寮ではネイティブではないルームメイトの方が（ネイティブのルームメイトより）教育効果が高い。
③ ネイティブスピーカーと一緒に暮らすことを優先すべきではない。
④ 寮では最高の言語体験をすることができる。

【解説】

【ステップ1】 状況と選択肢に目を通し，話題を予測する！

　まず，質問文から，問1は「ジェーン」の主張の要点を選ぶ設問だと確認する。次に，4つの選択肢を見ると，2つの対になる語句が含まれていることがわかる。1つは，「フランス語ネイティブ」と「フランス語のネイティブではない」，もう1つは，「寮」と「ホストファミリー（＝ホームステイする家の家族）」である。この2つを念頭に置いてジェーンの主張に注意しながら放送文を聞く。

【ステップ2】 放送文を聞きながら，話者の意見を押さえる！

　「フランス語ネイティブのフランス人」にこだわるショウに対し，ジェーンは there are many varieties of French「フランス語といってもたくさんの種類がある」や France is diverse.「フランスは多様である」といった意見を繰り返し述べている。このことから，ジェーンは，フランス留学での滞在先を選ぶときに，ホームステイ先のホストファミリーや寮のルームメイトが，ネイティブのフランス人かどうかということはこだわらないでよいと考えていることがわかる。

　また，フランス語ネイティブのホストファミリー宅にホームステイできないことになったショウが，5番目の発言で I still have the option of having a native speaker as a roommate.「ネイティブスピーカーを（寮で）ルームメイトにするという選択肢もまだある」と言ったことに対し，That might work.「それなら（寮でも）うまくいくかもね」と消極的に反応するものの，寮でネイティブスピーカーと同室になってもうまくいかない場合もあることを紹介している。最後に，ネイティブかそうでないかは重要でないと気づいたショウに対して The same applies to a host family.「同じことはホストファミリーにも言える」と述べている。ここから，留学の滞在先をホームステイにするか学生寮にするかという点に

ついても，ジェーンは重要とは考えていないことがわかる。

ステップ3 話者の意見に関する問いに答える！

　「留学の滞在先の人がフランス語ネイティブかそうでないかは重要ではなく，寮かホストファミリーかについてもこだわりはない」というのがジェーンの主張。よって，③ **Living with a native speaker shouldn't be a priority.「ネイティブスピーカーと一緒に暮らすことを優先すべきではない」**が正解。priority「優先事項」という放送文では一度も出てこなかった語が入っていることに注意。対話におけるジェーンの主張が選択肢では要約されて言い換えられている。

❖誤答分析❖

　①は「フランス語ネイティブのホストファミリー」にこだわっているので不適。ジェーンは「ネイティブであろうとなかろうとどちらでもよい」と考えている。逆に「ネイティブでない同室者」の方が教育効果は高いとしている②も同じ理由から不適。また，生活場所として「寮」を重視する④についても，ジェーンの「どちらでもこだわりはない」という主張に反するので誤り。

 着眼点

　選択肢を選ぶときには，「言い換え」に注意しよう。選択肢は，放送文の内容が別の語句を使った表現で言い換えられている場合が多いが，この問題のように，放送文の内容を短く要約して表現している場合もある。

　放送文と選択肢とで同じ語句を使っているかどうかではなく，あくまで意味の面から，放送文の内容と一致しているものを選ぶようにしよう。

問2

質問文と選択肢の訳

ショウはどんな選択をする必要があるか。
　① 言語プログラムを選ぶか，文化プログラムを選ぶか。
　② 留学プログラムを選ぶか選ばないか。
　③ ホストファミリー宅に滞在するか，寮に滞在するか。
　④ フランス語のネイティブ宅に滞在するか否か。

解説

ステップ1 状況と選択肢に目を通し，話題を予測する！

　質問文から，問2は「ショウ」がどんな選択をする必要があるかに注意して聞く。選択肢は，①，②「どちらを選ぶか」と③，④「誰と（どこに）滞在するか」に大きく分けられる。① 参加するコース：言語／文化，② 留学をする／しない，③ ホストファミリー（ホームステイ）／寮，④ フランス語ネイティブ家族と（滞在）／それ以外の人と（滞在）。これらを頭に入れて放送文を聞く。

ステップ2 放送文を聞きながら，話者の意見を押さえる！

　ショウは最初の発言で，「フランス留学で，フランス語ネイティブのホストファミリー宅に滞在できなくなった」という主旨の悩みを述べている。それ以降，ショウは，「本物」のフランス語やフランス文化に触れるために，ルームメイトやホストファミリーが，フランス語ネイティブであることにこだわるが，ジェーンの意見や話を聞くにつれ，最終的に「滞在先の人が，フランス語ネイティブかどうかは重要ではないかも」という考えに変わった。

ステップ3 話者の意見に関する問いに答える！

　ジェーンとショウの2番目の発言，So you chose a host family instead of the dormitory, huh?「ということは，あなたは学生寮ではなくてホームステイを選んだわけね？」 Not yet.「まだだけど」から，滞在先について寮かホームステイかは決まっていないことがわかり，そのことは対話が終わるまで解消していない。よってショウが選択する必要があるのは，③「**ホストファミリー宅に滞在するか，寮に滞在するか**」である。

❖誤答分析❖

　① のような言及は放送文中にはない。② はショウの最初の発言に，for my study abroad program in France「フランスでの海外留学プログラムのための」とあり，留学プログラムを選ぶということ自体は確定事項なので誤り。④ はショウの最初の発言 a native French-speaking host family was not available「フランス語ネイティブのホストファミリーがダメになった」の部分に反するので不適。

着眼点 ─────────────────────────

　対話の問題は，話している2人それぞれが話題について「どういった意見を持っているか」「どんな困難を抱えているか」といったことを意識的に整理しながら聞くことが重要である。対話は単純な流れにはならず，途中でどちらかの意見が変わったり，抱えていた困難が解消されたりすることも多い。

　また，この問題のように2つのうちのどちらかの選択に悩んでいる場合に，対立軸が複数あることもある（この問題だと「滞在先：ホームステイ／学生寮」と「滞在先の人：ネイティブ／ネイティブでない」）ので，これらもきちんと整理しながら聞いていく必要がある。

語句

選択肢

☐ dormitory 名 寮

☐ educational 形 教育的な

☐ priority 名 優先

放送文

☐ turn out ～ ～ということがわかる

☐ available 形 利用できる

☐ instead of ～ ～ではなくて

☐ hope for ～ ～を望む

☐ guess 動 ～だと思う

☐ diverse 形 多様な

☐ multilingual 形 多言語を話す

☐ apply to ～ ～に当てはまる

第6問Aは**問1・問2**の2問です。二人の対話を聞き，それぞれの問いの答えとして最も適切なものを，四つの選択肢（①～④）のうちから一つずつ選びなさい。（問いの英文は書かれています。）**状況と問いを読む時間が与えられた後，音声が流れます**。

◀⟪16

状況

　2人の学生（George と Naomi）が，音楽の授業について話をしています。

問1　What is George's main point?　　| 1 |

　① Music class is not fun for the students.

　② Music class should not be required at school.

　③ Music is nice because students can take a break.

　④ Music is fun for people who play instruments.

問2　What is Naomi's main point?　　| 2 |

　① Music is not as boring as subjects like math.

　② Music class is important for relaxation and enjoyment.

　③ Music class helps develop creativity and cooperation.

　④ Music is not useful for most people's future careers.

チャレンジテストの解答・解説

解答 問1 ②　問2 ③

問1〜2

放送文と訳

George: It's music class after lunch, isn't it? What a waste of time!

Naomi: What's your problem? It's a break from boring subjects like math.

George: It's fun for some students, I guess. But I don't need it in my future career.

Naomi: That's not the point. There are lots of things at school we won't use at work, but that doesn't mean we shouldn't study them.

George: But we can do that in our free time. School should be for learning important things like science or math.

Naomi: Of course, those things are important but music is good for us, too. Music can develop our creativity, and we can learn to cooperate with others in a music class.

George: There are better ways to learn creativity and cooperation.

Naomi: Maybe. I just think you should try to relax and enjoy it.

George: It's easy for you to say — you can play the violin and the piano!

Naomi: Right. You know, I feel the same way about P.E.

George: Exactly. Students may love or hate different subjects. So, not all students should have to take music class.

Naomi: OK. Then, I'll choose music class.

George: We should all take science and math, though!

ジョージ：昼食の後は音楽の授業でしょ？　なんて時間の無駄なんだ！

ナオミ　：何がいけないの？　数学みたいな退屈な教科から一息つける時間じゃない。

ジョージ：音楽の授業が楽しいと思う学生もいると思うよ。でも，僕の将来の仕事にはいらないな。

ナオミ　：それは問題じゃないわ。仕事で使わないことも学校では数多くあるけど，だからと言って，勉強しなくていいってことにはならないわ。

ジョージ：でも，それは自由時間にできるし。学校は理科や数学のような重要なことを

学ぶためにあるべきだよ。

ナオミ　：もちろん，それらは重要だけど，音楽も私たちのためになるよ。音楽は私たちの創造性を育むことができるし，音楽の授業では他人と協力することを学べるでしょ。

ジョージ：創造性や協力を身につけるならもっといい方法があるよ。

ナオミ　：たぶんね。あなたはリラックスして音楽を楽しもうとすべきだと思うだけよ。

ジョージ：君が言うのは簡単だよ，だって，君はバイオリンとピアノが弾けるからね！

ナオミ　：そうよ。ほら，体育に関しては私もあなたと同じように思っていることを知っているでしょ。

ジョージ：そうだね。学生たちはいろいろな教科を好きだったり嫌いだったりするのかもね。だから，必ずしも全ての学生が音楽の授業を受ける必要はないはずだよ。

ナオミ　：わかったわ。それなら私は音楽の授業を選ぶわ。

ジョージ：そうは言っても，理科と数学は全学生が受けるべきだよ！

問1

質問文と選択肢の訳

ジョージの主張の要点は何か。

① 音楽の授業は学生にとって楽しくないものだ。
② 音楽の授業を学校で必修にすべきではない。
③ 音楽は学生が一息入れられるのでよい。
④ 楽器を演奏する人には，音楽は楽しい。

解説

ステップ1 状況と選択肢に目を通し，話題を予測する！

　2人の学生ジョージとナオミが音楽の授業に関して話をしているという状況を確認して選択肢に目を通す。

　問1は「ジョージ」の主張の要点を選ぶ設問。選択肢を読むと，音楽の授業に関して肯定的な意見（③）と否定的な意見（①・②）に分けられる。④は単に，音楽がどういう人にとって楽しいのかといった意見である。以上より，ジョージが音楽の授業について肯定的なのか，それとも否定的なのかを意識しながら放送文を聞けばよいのではと予測できる。

　ジョージの意見を整理しながら聞いていく。最初の発言でジョージは昼食後の音楽の授業について, What a waste of time!「なんて時間の無駄なんだ！」と嘆いている。この発言よりジョージは**音楽の授業に否定的な見解を持っていること**がわかる。しかし, 次の発言で It's fun for some students「音楽の授業が楽しいと思う学生もいる」と言っていることから, **音楽の授業を全否定しているわけではなく**, 音楽が好きな学生がいることもわかるといった姿勢を見せている。さらに, ジョージの6番目の発言で学生たちには科目の好き嫌いがあるかもしれないから, not all students should have to take music class「全ての学生が音楽の授業を受ける必要はないはず」と, 部分否定の表現を用いて述べている。

　ジョージは「学校での音楽の授業に関して否定的であるが, 音楽の好きな学生だけが受講すればいい」というスタンスであることがわかった。つまり,「音楽は全学生が受講しなければならない必修科目ではなく, 受けたい人だけが受講する選択科目にすべき」という主張である。よって, ② **Music class should not be required at school.**「音楽の授業を学校で必修にすべきではない」が正解。

❖誤答分析❖

　①はジョージの2番目の発言 It's fun for some students「音楽の授業が楽しいという学生もいる」より不適。③は音楽の授業に対して肯定的なので不適。注意すべきは④である。確かにジョージは5番目の発言で It's easy for you to say — you can play the violin and the piano!「君が言うのは簡単だよ, だって, 君はバイオリンとピアノが弾けるからね」と言っているが, これはジョージの考えの main point「要点」ではない。よって, ④も不適。

問 2

質問文と選択肢の訳

ナオミの主張の要点は何か。

① 音楽は数学ほど退屈な教科ではない。
② 音楽の授業は息抜きや楽しむために重要だ。
③ 音楽の授業は創造性と協力を育む。
④ 音楽はほとんどの人の将来の仕事に役立たない。

ステップ1 状況と選択肢に目を通し，話題を予測する！

　問2は「ナオミ」の主張の要点を選ぶ設問。選択肢は音楽や音楽の授業に対して肯定的（①・②・③）なものと，否定的（④）なものに分けられる。肯定的な意見の理由は，①「数学ほど退屈ではない」，②「息抜きや楽しむために重要」，③「創造性と協力を育む」である。これらを頭に入れて，ナオミが音楽の授業に対してまず肯定的・否定的のどちらであるか，そしてその根拠は何かに注意して放送文を聞く。

ステップ2 放送文を聞きながら，話者の意見を押さえる！

　ナオミの発言を整理していく。まず，ジョージの最初の発言「（音楽の授業は）時間の無駄だ」に対し，ナオミは It's a break from boring subjects like math.「それは数学みたいな退屈な教科から一息つける時間だ」と言っている。ここから，ナオミは**音楽の授業に対して肯定的な意見を持っている**ことがわかる。

　またナオミは3番目の発言で Music can develop our creativity, and we can learn to cooperate with others in a music class.「音楽は私たちの創造性を育むことができるし，音楽の授業では他人と協力することを学べる」と音楽が有用である理由を述べている。

　そして最後にジョージの「全ての学生が音楽の授業を受ける必要はないはず」という発言に対して，Then, I'll choose music class.「それなら，私は音楽の授業を選ぶ」と述べており，音楽の授業に関しては**一貫して肯定的**であるとわかる。

ステップ3 話者の意見に関する問いに答える！

　3番目の発言より，ナオミは音楽の授業はためになると考えていて，その理由を「創造性」を育み，「他人と協力する姿勢」を学べるからだとしている。よって，ナオミの主張の要点を最もよく表しているのは③ **Music class helps develop creativity and cooperation.**「音楽の授業は創造性と協力を育む」である。

❖**誤答分析**❖

　ナオミは最初の発言で「音楽の時間は数学みたいな退屈な教科から一息つける時間」と言っているものの，これがナオミの主張の要点とは言えないため，①は不適。ナオミはジョージに対して，4番目の発言で you should try to relax and enjoy it「リラックスして音楽を楽しもうとすべきだ」と発言しているが，音楽の授業が重要であることの根拠として，リラックスや楽しむことを挙げてはいないので，②も不適。またナオミは3番目の発言で music is good for us「音楽は私たちのためになる」と

言い，全体を通して音楽に対して肯定的なので，④も不適。

選択肢

☐ require 動 〜を必要とする

☐ take a break 休憩する，一息つく

☐ instrument 名 楽器

☐ relaxation 名 息抜き，くつろぎ

☐ creativity 名 創造性

☐ cooperation 名 協力

☐ career 名 職業，仕事

放送文

☐ waste 名 無駄

☐ break 名 小休止，休憩

☐ It's easy for you to say あなたが（そう）言うのは簡単だ

☐ P.E.（= Physical Education）体育

☐ not all 〜：全て〜とは限らない（部分否定）

ディスコースマーカーを意識した聞き方②

　長い放送文においては，「言い換え」と「対比」の箇所をディスコースマーカーを頼りに，正確に把握しながら聞いていくことが重要である。これらを意識すれば，放送文の流れがわかり，推測しながら聞くことができるからである。「言い換え」と「対比」のディスコースマーカーを確認しておこう。

📍 言い換え（A＝B）

　「言い換え」とは重要な表現を別の言葉で言い換えたり，別の角度から言い直したりすることである。繰り返して言い換えが行われる理由は，その概念が重要だからに他ならない。

- 「すなわち，別の言葉で言うと」：
  in other words / that is (to say) / namely / or / to put[say] it another way[differently] / you mean / rephrase など
- 「要するに」：
  in short / to sum up / in brief / in a word / the point is that ＋ S ＋ V 〜

　㋐ She was said to be dyslexia, **that is**, unable to read passages.
　　彼女は失読症，つまり読書障害だと言われていた。

　㋐ He majors in cetology, **or** a study of whales.
　　彼は鯨類学，すなわち，クジラの研究を専攻している。

　㋐ Let me **rephrase** it.
　　それを言い換えさせてください。

　㋐ **To put it another way**, we have no money anymore.
　　別の言い方をすれば，もうこれ以上金がないということだ。

　㋐ **To sum up**, you have just two choices: doing or not.
　　要するに，君には二つの選択肢しかない。するかしないかだ。

> **コラム 1** 「〜する人」の言い換え
> 　「〜する」という動作の表現を「〜する人」と言い換えることは英会話において多く見られる。

例 He is a good tennis player. = He plays tennis very well.
彼はテニスがとてもうまい。

例 My family are all early risers. = My family all get up early.
（Everyone in my family is an early riser.
　　= Everyone in my family gets up early.）
うちの家族はみんな早起きだ。

例 He is a quick learner. = He can learn anything quickly.
彼は何でも習得するのが早い。

コラム2　同格（A＝B）

「名詞（句）」：A に続けて，「それを説明する句や節（S＋V）」：B を置く場合，この A と B の 2 つは同格の関係にあるという。同格は特にディスコースマーカーのようなものはないが，コンマ（ , ），前置詞 of，接続詞that を用いて表す。

【同格のコンマ（ , ）】

例 Our teacher, Mr. White, is very strict.
担任であるホワイト先生はとても厳しい。

※ 音声では，コンマの場合は音声にちょっとした「間」があることが多い。

【同格の of】

例 The news of his success in the election made all of us greatly excited.
彼が当選したというニュースで私たちは皆大いに盛り上がった。

※ 前置詞 of は通常，軽く発音されることが多いが，同格を表す前置詞 ofは比較的はっきりと発音されることが多い。これは同格の of を含む名詞のカタマリが重要情報であるためである。

【同格の接続詞 that】

例 She doesn't care at all about the idea that time is money.
彼女は，時は金なりという考えを全く気にしていない。

※ 同格の接続詞 that は特に強く発音されるというわけではないが，先行している名詞の具体的な内容を示しているので重要である。

📍 対比 (A ⇔ B)

　「対比」とは，対立する概念を持ち出すことで説明したい内容を明らかにする手法である。自分の主張に対して真逆の内容を対比させることで自分の主張を際立たせたり，一方の概念を明白にしたりする効果がある。何と何が対比されているのかを正確に把握するためにも「対比」のディスコースマーカーは重要である。

- **in contrast**「それとは対照的に」
- **on the other hand**「他方では」
- **while ＋ S V**「〜であるのに対し」
- **meanwhile**「一方では」
- **some 〜, others ...**「〜なものもあれば，…なものもある」
- **compared with 〜**「〜と比べて」
- **compared to 〜**「〜と比べて」
- **on the contrary**「それどころか，とんでもない」
- **whereas**「その一方で，しかるに」　など

　㋕ **While** his father is a math teacher, he is poor at math.
　　父親は数学の教師なのに，彼は数学が苦手だ。
　㋕ **Some** students like soccer, and **others** like baseball.
　　サッカーが好きな学生もいれば，野球が好きな学生もいる。
　㋕ **Compared with** his previous work, his new novel sells well.
　　前作と比べて，彼の新作小説はよく売れている。
　㋕ "Are you all right? You look pale."
　　"**On the contrary**, I'm quite well today."
　　「大丈夫？　顔色が悪いようだけど」
　　「とんでもない。今日はすこぶる元気だよ」

第6問 B

4人の議論　内容一致選択

設問数	**2** 問
マーク数	**2** つ
配点	**8** 点
放送回数	**1** 回

難易度：★ ★ ★

> GUIDANCE　あるテーマに関する4人の会話（議論）を聞き，その内容に関する2つの設問に答える問題。日本語で書かれた会話の「状況」と，2つの設問に目を通してから放送文を聞くという流れ。2つ目の設問は，図表を選択する形式である。放送回数は1回のみ。

例 題

第6問Bは**問1・問2**の2問です。会話を聞き，それぞれの問いの答えとして最も適切なものを，選択肢のうちから一つずつ選びなさい。下の表を参考にしてメモを取ってもかまいません。**状況と問いを読む時間が与えられた後，音声が流れます。**

状況

　四人の学生（Yasuko, Kate, Luke, Michael）が，店でもらうレシートについて意見交換をしています。

Yasuko	
Kate	
Luke	
Michael	

問1　会話が終わった時点で，レシートの電子化に**賛成した人**は四人のうち何人でしたか。四つの選択肢（①～④）のうちから一つ選びなさい。　　　| 1 |

　① 1人
　② 2人
　③ 3人
　④ 4人

（共通テスト）

問2 会話を踏まえて，Luke の意見を最もよく表している図表を，四つの選択肢（①～④）のうちから一つ選びなさい。 ┃ 2 ┃

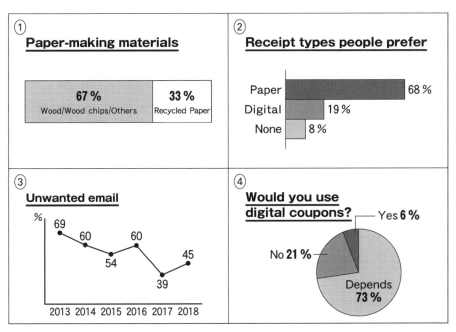

（共通テスト）

問題の解き方

ステップ1 状況と4人の登場人物を把握した上で，問いを確認！

　放送文が流れる前に，紙面に書かれている「状況」とこれから放送される会話に出てくる4人の登場人物を把握した上で，2つの設問に目を通す。

　1問目は何が問われているかに注意する。2問目は，4人のうちの1人の意見に関する設問だが，誰の意見に関する設問なのかをしっかり確認する。また，2問目の選択肢にあるグラフには，放送文の内容のヒントとなる情報が含まれるので，きちんと目を通しておこう。

ステップ2 4人のそれぞれの意見について，メモを取る！

　4人それぞれがどのような意見を持っているか，放送文を聞きながら，問題用紙の表にメモしていこう。その際，賛成か反対かだけでなく，その理由や根拠をデータなどを使って述べることもあるので，きちんと聞き取るようにする。データについては数値も重要になる場合があるので，それらも忘れずにメモしておく。

ステップ3 メモをもとに問題を解く！

　2つの設問を，メモをもとに解いていく。1問目はメモがしっかりできていればすぐに解答できるので，できるだけ2問目に時間を多く割けるように解き進めたい。

解答　問1　①　　問2　②

問1〜2

放送文と訳

Yasuko:　Hey, Kate! You dropped your receipt. Here.

Kate:　　Thanks, Yasuko. It's so huge for a bag of chips. What a waste of paper!

Luke:　　Yeah, but look at all the discount coupons. You can use them next time you're in the store, Kate.

Kate:　　Seriously, Luke? Do you actually use those? It's so wasteful. Also, receipts might contain harmful chemicals, right Michael?

Michael: Yeah, and that could mean they aren't recyclable.

Kate: See? We should prohibit paper receipts.

Yasuko: I recently heard one city in the US might ban paper receipts by 2022.

Luke: Really, Yasuko? But how would that work? I need paper receipts as proof of purchase.

Michael: Right. I agree. What if I want to return something for a refund?

Yasuko: If this becomes law, Michael, shops will issue digital receipts via email instead of paper ones.

Kate: Great.

Michael: Really? Are you OK with giving your private email address to strangers?

Kate: Well ... yes.

Luke: Anyway, paper receipts are safer, and more people would rather have them.

Yasuko: I don't know what to think, Luke. You could request a paper receipt, I guess.

Kate: No way! There should be NO paper option.

Michael: Luke's right. I still prefer paper receipts.

ヤスコ　：ねえ，ケイト！　レシート落としたわよ。ほら。

ケイト　：ありがとう，ヤスコ。ポテトチップス1袋にしてはやけに大きいレシートよね。何て紙の無駄なの！

ルーク　：そうだね，でも，これらの割引クーポンを見てよ。今度この店に来たときに，このクーポンを使うことができるよ，ケイト。

ケイト　：ルーク，本気で言ってるの？　実際にクーポン使うの？　こんなの本当に無駄よ。それにレシートって有害な化学物質を含んでいるかもしれないのよ。そうでしょ，マイケル？

マイケル：そうだね。ということは，レシートは再利用できないかもしれないってことだね。

ケイト　：でしょ？　紙のレシートは禁止すべきだわ。

ヤスコ　：アメリカのある都市では，2022年までに紙のレシートを禁止するかもって最近聞いたわよ。

ルーク　：本当なの，ヤスコ？　でもそれはどうやってうまくいくのかな？　僕は紙のレシートは購入証明として必要だな。

マイケル：そうだね。僕もそう思うよ。返品して返金してもらうときにどうしたらいい
　　　　　の？

ヤスコ　：もしこのことが法制化したら，マイケル，店は紙のレシートの代わりにＥメ
　　　　　ールでデジタルレシートを発行するようになるわよ。

ケイト　：すごいわ。

マイケル：本当にそう？　個人のＥメールアドレスを知らない人に教えてもかまわない
　　　　　の？

ケイト　：うーん…平気よ。

ルーク　：とにかく，紙のレシートの方が安全だし，紙のレシートをもらいたい人の方
　　　　　が多いと思うよ。

ヤスコ　：どう考えればいいのかわからないわ，ルーク。紙のレシートを要求できるか
　　　　　も。

ケイト　：絶対だめ！　紙のレシートの選択肢は絶対になくすべきだわ。

マイケル：ルークが正しいよ。僕はそれでも紙のレシートがいいな。

問1

解説

ステップ1　状況と4人の登場人物を把握した上で，問いを確認！

　放送文が流れる前に，紙面に書かれた内容を確認する。「状況」より，4人の学
生（Yasuko, Kate, Luke, Michael）が，「店でもらうレシート」について意見交換
をしているということを押さえる。

　問1では，「レシートの電子化」について，会話が終わった時点での**4人それ
ぞれの立場が賛成なのか反対なのかが聞き取りのポイント**だとわかるので，この
ことに注意を払いながら放送文を聞くことになる。

ステップ2　4人のそれぞれの意見について，メモを取る！

・**Yasuko** は，終始自分の立場を明らかにしておらず，最後に I don't know what
to think「どう考えればいいのかわからない」と発言している。よって，△（立
場保留）。

・**Kate** は最初の発言で，大きな紙のレシートを指して What a waste of paper!「何
て紙の無駄！」と発言しているので，レシート電子化については「賛成」の立
場だとわかる。その後も，一貫して同じ立場をとり続け，最後の発言でも There
should be NO paper option.「紙のレシートの選択肢は絶対になくすべき」と述
べている。よって，○（「レシートの電子化」に賛成）。

・**Luke** は，Kate の紙のレシートを否定する最初の発言に対して，「クーポン券が

もらえ，それを使える」と反論し，次の発言で I need paper receipts as proof of purchase.「紙のレシートは購入証明として必要だ」と述べており，この意見は次の最後の発言まで変化していないので，紙のレシートについて肯定的な意見を持っていることがわかる。よって，×（「レシートの電子化」に反対）。

- **Michael** は，最初の発言で Kate の問いかけに応じる形で「紙のレシートが資源として再利用できない」という紙のレシートのデメリットを述べている。ただ，これは自身の立場を述べているわけではないことに注意したい。2番目の発言では購入証明という紙のレシートのメリットに気づき，3番目の発言ではデジタルレシートのために知らない人にEメールアドレスを教えることについて疑問を呈している。最後には I still prefer paper receipts.「それでも自分は紙のレシートがいい」と述べており，レシートの電子化には反対だと考えられる。よって，×。

ステップ 3 メモをもとに問題を解く！

「レシートの電子化」に関して，賛成か反対かの立場をまとめたメモは次のようになる。

Yasuko	△（保留）
Kate	○（賛成）
Luke	×（反対）
Michael	×（反対）

レシートの電子化に関して賛成なのは Kate ただ1人。よって，正解は①。

  着眼点

- 議論になっていることについて，賛成か反対かだけではなく，立場を明らかにしていない「保留」の人がいる可能性もあることに注意しよう。

- 会話が終わったときの最終的な立場が問われている場合には，会話の途中で意見が変わる可能性もあることに注意しよう。

第6問 B

問 2

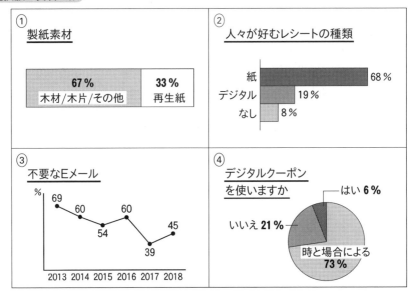

① 製紙素材

67 % 木材/木片/その他	33 % 再生紙

② 人々が好むレシートの種類

紙 68 %
デジタル 19 %
なし 8 %

③ 不要なEメール

%
69
60
60
54
39
45
2013 2014 2015 2016 2017 2018

④ デジタルクーポンを使いますか

はい 6 %
いいえ 21 %
時と場合による 73 %

解説

ステップ1 状況と4人の登場人物を把握した上で，問いを確認！

　問 2 では，質問文より，「Luke の意見」について問われる設問ということを確認する。また，選択肢それぞれのグラフのタイトルを確認しておく。

ステップ2 4人のそれぞれの意見について，メモを取る！

　Luke は問 1 でも確認したとおり，「レシートの電子化」に反対，つまり「紙のレシート」に賛成の立場である。

　Luke の発言の詳細を確認していくと，最初の発言で，割引クーポンがついていることに触れ，You can use them next time you're in the store「今度この店に来たときに，このクーポンを使うことができる」と紙のレシートの良さを述べている。

　さらに，2 番目の発言で，I need paper receipts as proof of purchase.「紙のレシートは購入証明として必要だ」と紙のレシートの利点を述べている。

　最後の 3 番目の発言では，paper receipts are safer, and more people would rather have them「紙のレシートの方が（個人のEメールアドレスを知らない人に教えなくて済むので，電子化されたレシートよりも）安全で，紙のレシートをもらいたい人の方が多い」と主張している。

ステップ3 メモをもとに問題を解く！

　放送文の Luke の発言をまとめると，次のようになる。

・基本姿勢は「レシートの電子化」に反対＝「紙のレシート」に賛成。
・紙のレシートは割引クーポンが印字されているのでお得。
・紙のレシートは商品の購入証明として必要。
・紙のレシートは知らない人に自分の E メールアドレスを教えなくて済む。
・紙のレシートをもらいたい人の方が多い。

　これらの主張を満たすのは，選択肢②「人々が好むレシートの種類」のグラフである。Luke が，「紙のレシートを好む」という主張をしているのと同様，グラフも紙のレシートの割合が1位で，2位のデジタルレシートを大きく引き離している。

❖誤答分析❖

　①の「製紙素材」や③の「不要な E メール」が年々減っていることについては，対話中では言及されていないのでどちらも不適。クーポンについては Luke が2番目の発言で紙のクーポンに触れているが，デジタルクーポンの使用に関しての発言ではないので，④も不適である。

 着眼点

　問2は，立場が賛成か反対かだけでなく，その理由・根拠についても聞き取れているかどうかを問う設問である。放送文が流れる前に，指示文から注目すべき人を確認し，放送文を聞くときは，その人の発言については特に念入りにメモしておこう。

語句

放送文

□ receipt 名 レシート	□ waste 名 無駄，ゴミ
□ discount 名 割引，値引き	□ wasteful 形 無駄の多い
□ harmful 形 有害な	□ recyclable 形 再利用できる
□ prohibit 動 〜を禁止する（＝ ban）	□ purchase 名 購入
□ What if 〜？ 〜だとしたらどうする？	□ refund 名 返金，払い戻し（金）
□ become law 法律として制定される	□ via 前 〜を通して，〜によって
□ be OK with 〜 〜についてはかまわない	□ would rather *do* むしろ〜したい

第
6
問

B

第6問 B は**問1・問2**の2問です。会話を聞き，それぞれの問いの答えとして最も適切なものを，選択肢のうちから一つずつ選びなさい。下の表を参考にしてメモを取ってもかまいません。**状況と問いを読む時間が与えられた後，音声が流れます**。

状況

　四人の学生（Tina, Melissa, Yuma, Kyle）が，店での会計について意見交換をしています。

Tina	
Melissa	
Yuma	
Kyle	

問1　会話が終わった時点で，キャッシュレス化に**賛成した人**は四人のうち何人でしたか。四つの選択肢（①〜④）のうちから一つ選びなさい。　　 1

① 1人
② 2人
③ 3人
④ 4人

問2 会話を踏まえて，Kyle の意見を最もよく表している図表を，四つの選択肢（①～④）のうちから一つ選びなさい。 ☐ 2 ☐

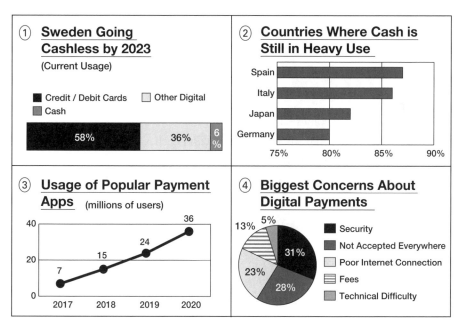

① **Sweden Going Cashless by 2023**
(Current Usage)

■ Credit / Debit Cards ☐ Other Digital
■ Cash

| 58% | 36% | 6% |

② **Countries Where Cash is Still in Heavy Use**

Spain
Italy
Japan
Germany

75% 80% 85% 90%

③ **Usage of Popular Payment Apps** (millions of users)

40
20
0
7 (2017) 15 (2018) 24 (2019) 36 (2020)

④ **Biggest Concerns About Digital Payments**

13% 5% 31% 28% 23%

■ Security
■ Not Accepted Everywhere
☐ Poor Internet Connection
▤ Fees
▥ Technical Difficulty

問1〜2

放送文と訳

Tina:	So, the bill comes out to $55.45 for the four of us.
Melissa:	OK, Tina. I make it a point not to carry cash. Can I pay the bill and you guys pay me what you owe?
Yuma:	I don't have any cash on me, either. Do you use one of those cash apps, Melissa? I can send you the money.
Melissa:	Yeah, that works. Kyle, Tina, what about you guys?
Kyle:	I can't believe that both of you don't carry cash. I always try to have at least a few dollars in my pocket. How about you, Tina?
Tina:	I've never tried any of those cash apps. How do they work?
Yuma:	You download the app and connect it to your bank account.
Kyle:	Is that safe, Yuma? Seems like there are security issues with connecting your money to an app.
Melissa:	That might be true, Kyle, but someone could also rob you if you're walking around with a bunch of money.
Yuma:	I agree with you, Melissa. And now it's easy for me to pay you or you to pay me even if we don't have cash.
Melissa:	And even if you lose your phone, no one can use the app without your permission.
Yuma:	I also like how apps make it easy to track your spending and how much you owe, or someone owes you.
Tina:	That sounds great. I always have a problem remembering how much money I spend and where. Yuma, what app are you using? Could you show me later?
Yuma:	Sure, I'll send you the link, Tina.
Kyle:	I'm still not sure. I think I'd have trouble saving money if it's not actual paper.
Yuma:	Maybe so, but the world is increasingly going digital, Kyle. I heard

Sweden is ending cash in just a few years.

Kyle:　　I guess, but in my mind, cash is still king for a while longer.

ティナ　　：それじゃ，お会計は私たち 4 人で 55 ドル 45 セントということね。

メリッサ：わかったわ，ティナ。私は現金を持ち歩かないことにしているの。私が代金全額を払って，みんなは各自の支払い分を私に払ってくれる？

ユウマ　　：僕も今現金の持ち合わせがないよ。メリッサ，これらの決済アプリのうちのどれかを使っている？　僕は自分の代金分を送金できるよ。

メリッサ：ええ，それでいいわ。カイルとティナはどう？

カイル　　：2 人とも現金を持ち歩かないなんて信じられない。僕はいつでもポケットに少なくとも何ドルかは入れておくようにしているよ。君はどう，ティナ？

ティナ　　：今までそうした決済アプリはどれも試したことがないわ。どんなふうに機能するの？

ユウマ　　：アプリをダウンロードして，自分の銀行口座と連携させるんだよ。

カイル　　：それって安全なの，ユウマ？　自分のお金とアプリを連携させるなんて安全上問題があると思うけど。

メリッサ：そうかもしれないけど，カイル，お金をたくさん持って歩いていたって誰かに奪われることもあるでしょ。

ユウマ　　：メリッサの言うとおりだよ。それに今じゃ現金を持っていなくても，僕が君に払ったり，君が僕に払ったりするのが簡単にできる。

メリッサ：それにスマホをなくしたとしても，誰もあなたの許可なくそのアプリを使うことはできないの。

ユウマ　　：自分の支出や，どれくらい借りているかとか貸しているかとかが簡単に追跡できるのも気に入ってる。

ティナ　　：それはよさそうね。私はどこでどれくらいお金を使ったかを思い出すのにいつも苦労しているの。ユウマはどのアプリを使っているの？　後で教えてくれる？

ユウマ　　：もちろんだよ。リンクを送るよ，ティナ。

カイル　　：僕はまだ信頼できないな。現物の紙幣じゃないならお金を節約するのに困ると思うんだよね。

ユウマ　　：そうかもしれないけど，世の中はますますデジタル化に向かっているんだ，カイル。スウェーデンは数年後に現金をやめてしまうらしいよ。

カイル　　：でも自分としては，現金はまだこれからしばらくは幅を利かせると思うよ。

解説

ステップ1 状況と4人の登場人物を把握した上で，問いを確認！

　放送が始まる前に，問題に書かれている内容を確認する。「店での会計」に関して意見交換をしている状況で，登場人物は Tina, Melissa, Yuma, Kyle という名前の4名の学生である。これらを確認した上で2つの問いに目を通す。

　問1の質問文には「キャッシュレス化」とあるので，電子マネーやバーコード決済などの話題だろうとわかる。4人それぞれが，**キャッシュレス化に賛成か反対か**ということに注意して放送文を聞く。

　問2は **Kyle** の意見を最も反映している図表を選ぶ設問なので，Kyle の発言については特に「キャッシュレス化」について賛成／反対のどちらの立場かはもちろん，その根拠は何かなど細かい部分まで注意して聞く必要がある。

ステップ2 4人のそれぞれの意見について，メモを取る！

・**Tina** は2つ目の発言で決済アプリをこれまで使用したことがないと述べているものの，最終的に Yuma, what app are you using? Could you show me later?「ユウマはどのアプリを使っているの？　後で教えてくれる？」と興味を示しているので「キャッシュレス化」に前向きな姿勢であることがわかる。よって，○（キャッシュレス化に賛成）。

・**Melissa** は最初の発言で I make it a point not to carry cash.「現金を持ち歩かないことにしている」と発言している。また，続く Yuma の「決済アプリを使っているなら送金することができる」という発言に対して，that works「それでいいわ」と言い，決済アプリを使っていることを示唆している。また，その後も会話終了まで一貫してキャッシュレス化に賛成の立場を変えていない。このことから，Melissa は現金を持ち歩かず，決済にアプリを使用しており，キャッシュレス化に肯定的と考えられるので，○（キャッシュレス化に賛成）。

・**Yuma** は最初の発言で Melissa に「決済アプリを使って送金できる」と言っている。また，2番目の発言で Tina に決済アプリについて教えたり，その後の発言でも最後まで立場を変えずに，決済アプリを使うことの有用性について述べている。よって Yuma もキャッシュレス化には賛成していると考えられるので，○（キャッシュレス化に賛成）。

・**Kyle** は Melissa と Yuma の発言を受けて，最初の発言で I can't believe that both of you don't carry cash「2人とも現金を持ち歩かないなんて信じられない」と言っているので，キャッシュレス化に関しては反対の立場である。決済アプリの使用に関しても2番目の発言で，Is that safe? とその安全性を疑ったり，そ

の後も「現物の紙幣でないならお金を節約するのに困る」と現金を使用しないことのデメリットを挙げたりしている。さらに，最後に cash is still king for a while longer「現金はまだこれからしばらくは幅を利かせると思う」と述べていることから，×（キャッシュレス化に反対）。

ステップ3 メモをもとに問題を解く！

「キャッシュレス化」に関して，賛成か反対かの立場をまとめたメモは次のようになる。

Tina	○（賛成）
Melissa	○（賛成）
Yuma	○（賛成）
Kyle	×（反対）

「キャッシュレス化」に賛成なのは3人なので，正解は③。

 着眼点

会話が終わったときの最終的な立場を問うている場合には，会話の途中で意見が変わる可能性もあることに注意しよう。この問題でも，Tina は最初は賛成・反対の立場が明らかではないが，皆の意見を聞きながら，最終的に賛成の立場になっている。

問2
選択肢の資料の訳

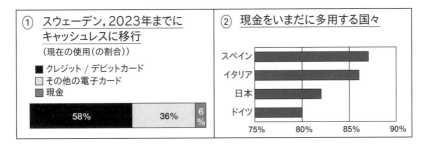

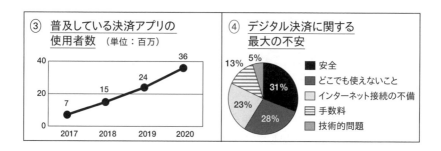

③ 普及している決済アプリの
　使用者数　（単位：百万）

40
20
0

7　　15　　24　　36

2017　2018　2019　2020

④ デジタル決済に関する
　最大の不安

31%
28%
23%
13%
5%

■ 安全
■ どこでも使えないこと
□ インターネット接続の不備
▤ 手数料
▨ 技術的問題

解説

ステップ1 状況と4人の登場人物を把握した上で，問いを確認！

　問2では，質問文より，「Kyleの意見」について問われる設問ということを確認する。また，選択肢の図表のタイトルとその内容を確認しておく。

ステップ2 4人のそれぞれの意見について，メモを取る！

　Kyleは問1でも確認したとおり，「キャッシュレス化」に反対の立場である。その発言を細かく見ていくと，まずKyleは最初の発言でI always try to have at least a few dollars in my pocket「僕はいつでもポケットに少なくとも何ドルかは入れておくようにしている」と述べている。

　さらに，2番目の発言で，決済アプリの使用に関して，Seems like there are security issues with connecting your money to an app.「自分のお金とアプリを連携させるなんて安全上問題がありそう」と，安全面での不安を述べている。このことから，Kyleが「キャッシュレス化」に反対している理由の一つに**安全面の不安**があることがわかる。

　また，3番目の発言ではKyleはI'd have trouble saving money if it's not actual paper「現物の紙幣じゃないならお金を節約するのに困る」と述べ，最後にcash is still king for a while longer「現金はまだこれからしばらくは幅を利かせる」と結論しているので，電子化された数値よりも紙幣の方が，お金という実感が持てると考えていることがわかる。

ステップ3 メモをもとに問題を解く！

　放送文のKyleの発言をまとめると，次のようになる。
・基本姿勢は「キャッシュレス化」には反対＝現金を使用する方がいい。
・いつでも現金を持ち歩いている。
・自分のお金とアプリを連携させるのは安全上問題がある。
・現物の紙幣でないとお金の節約に困る。

・現金はまだこれからしばらくは幅を利かせる。

　これらの主張のうち，Kyle の安全面での懸念を満たすのが④「デジタル決済に関する最大の不安」のグラフである。グラフの項目にも，Security「安全性」があることも決め手になる。

❖誤答分析❖

　①はスウェーデンでキャッシュレス化が進んでいることを表したものだが，それについて発言したのは Yuma なので不適。②の「現金をいまだに多用する国々」に関しては，対話中では言及されていないので不適。③の「決済アプリの使用者数」は「キャッシュレス化」に反対している Kyle の意見にはそもそもそぐわないので不適。

語句

選択肢

☐ cashless 形 キャッシュレスの（現金不要の）
☐ current 形 現在の
☐ app 名 （スマートフォンなどの）アプリ（アプリケーション）
☐ security 名 安全

放送文

☐ make it a point to *do* = make a point of ～*ing* ～することにしている
☐ owe 動 支払う義務がある
☐ connect *A* to *B* A を B に接続する
☐ bank account 銀行口座
☐ issue 名 問題
☐ rob 動 ～を奪う，（人）を襲う
☐ a bunch of ～ たくさんの～
☐ permission 名 許可
☐ track 動 ～を追跡する
☐ have trouble ～*ing* ～するのに苦労する
☐ increasingly 副 ますます
☐ king 名 （同一種類の中で）最良（最大）のもの
　　cf. be king 多大な影響を持つ

注意すべき会話表現

会話問題においては，会話特有の表現が出てくる。比較的やさしめの表現も多いが，しっかりと確認して，聞いたときに戸惑わないようにしておこう。

📍 提案・誘い

- **Why don't you ～?** 「～はどうですか」【提案】
  - 例 "**Why don't you** try it?" "Yes, I will."
    「やってみたらどう？」「そうだね。やってみよう」
  - 例 "Have a seat, **why don't you?**" "Oh, thanks."
    「座ったらどう？」「うん，ありがとう」
    ＊命令文に付加されることもある。命令口調を和らげる。
- **Why don't we ～?**（＝ Shall we ～? / Let's ～.）「～しませんか」【誘い】
  - 例 "**Why don't we** go fishing?" "Sounds good!"
    「釣りに行かない？」「いいね！」
- **Would you like to ～?** 「～しませんか」【誘い】
  - 例 "**Would you like to** eat out with me?" "That's a good idea!"
    「一緒にご飯を食べに行きませんか」「いいね！」
- **What about ～? / How about ～?** 「～はどうですか」【提案／誘い】
  - 例 "**How about** stopping smoking?" "I know, but probably I can't."
    「タバコをやめたらどうだ？」「わかってはいるけど，たぶんやめられない」
  - 例 "**What about** eating out for dinner?" "Yes, let's."
    「夕食は外で食べませんか」「いいね，そうしよう」

📍 提案・誘いに対する返事

- **Sounds good. / That's a good idea! / Why not? / I like it! / Yes, let's.** 「いいね」【賛成・乗り気】
- **Let's see. / Let me see. / Well,** 「ええと／そうね」【保留】
- **No, let's not.** 「やめておこう」／
  I'd love to, but ～. 「そうできたらいいのだけど，～」／
  I'd rather ～. 「むしろ～したい」【反対】

📍 お願い・依頼

- **Would[Could] you do me a favor?**「お願いがあるのですが」
- **Would it be possible to ～?**「～してくださいますか」
  - (例)**Would it be possible to** change the room?" "Certainly, sir."
    「部屋を変えてもらうことはできますか」「かしこまりました」

📍 了解

- **All right. / Sure. / No problem. / Certainly. / Of course.**「了解です」
- **By all means.**「どうぞ／もちろんです」【許可・同意】
  - (例)"Would you mind if I sit here?" "Of course, not."
    「ここに座ってもよろしいですか」「どうぞ」
    ＊ Would you mind ～? は「～をあなたは嫌だと思いますか」という原義なので，受け答えに注意。直訳すると「私がここに座ったらあなたは嫌だと感じますか」という問いかけ。
  - (例)"Would you mind opening the window?" "Not at all."
    「窓を開けてくださいませんか」「いいですよ」

📍 理解

- **got it**「わかった，了解」
  - (例)(You) Got it?
    わかりましたか。
- **Copy that.**「了解」

📍 賛成・反対

- **I (completely / totally) agree with you.**「（全く）同意見です」
  - (例)I couldn't agree more.
    全く同意見です。
    ＊ この文は仮定法過去で，I couldn't agree more than I do (＝ agree). ということ。つまり，「現実の状態（＝I agree）よりも多く（more）同意するなんて仮定の場合でもできない」＝「これ以上同意することはできない」という意味。
- **I'm with / in favor of[against] ～.**「～に賛成［反対］です」
  - (例)**I'm with[against]** the plan.
    私はその計画に賛成［反対］です。

- **You can say that again.** 「全くそのとおり」
- **I agree.** 「賛成です，なるほど」

📍 感謝に対する応答

- **You're welcome. / You're very welcome. / Don't mention it. / My pleasure. / Not at all. / No problem.**
「どういたしまして」

📍 あいさつ・話しかけ

- **What's up? / How are you doing? / How's it going?**
「調子はどう？」
- **What's wrong?** 「どうしたの？」【気遣い】
- **It's been a long time since we met! / Long time no see!**
「お久しぶり！」

📍 別れるとき

- **I have to go now. / I must be going. / It's about time to go[leave].**
「そろそろ行かなくては」
- **Nice talking to you.** 「今日はありがとう（お話しできてよかったです）」
- **See you soon.** 「またね」
- **Let's keep in touch.** 「連絡を取り合おうね」
  ＊長期間会えなくなる場合など。

📍 応答（How are you?「調子はどう？」と尋ねられたとき）

【「とてもよい」とき】
- **(I'm) Pretty good. / (I) Couldn't be better.** 「最高だよ」（仮定法）

> **参考** 仮定法過去の否定＋比較級＝最上級
>
> ⑩ I couldn't be better! 絶好調だ！
>
> ＊ I couldn't be better (than I am). ということ。つまり，「現在の自分の状態（I am）より調子がよくなるなんて仮定しても起こり得ないだろう」という意味。したがって，「今の調子は最高です」という意味になる。

【「ふつう」のとき】
- **(I'm) Not (so) bad.**「悪くないです」
- **So so. / I'm OK.**「まあまあです」

【「全くよくない」とき】
- **(I) Couldn't be worse.**「最悪です」（仮定法）
  - ＊ (It) Couldn't be better.「最高だよ」と (It) Couldn't be worse.「最悪だよ」は天気などのコンディションのときにも使う。
  - ㋕ "What wonderful weather today is!" **"It couldn't be better."**「今日はなんてすばらしい天気なんだ！」「最高だよ」

📍 あいづち

- **Uh-huh.**「ふ〜ん／なるほど」
- **I see.**「わかった／なるほど」
- **That's true.**「そうだね」
- **Sounds good.**「いいね」
- **Really?**「本当に？」
- **No way!**「ありえない！／絶対嫌だ！」
- **Exactly.**「そのとおり」
- **You're right.**「そのとおり」
- **Is that so?**「それは本当？／そうかな？」
- **No kidding!**「ありえない！／ふざけないで！／冗談はやめて！」
  ＊ No を強めて言うと「全くだ！，本当だよ！」という意味にもなる。
- **You're kidding [joking]!**「まさか！／ふざけてるんでしょ！／冗談でしょ！」
- **Come on!**「お願い！／冗談はよせ！」
- **See?**「でしょ？／わかった？」
- **(Does it) Make sense?**「おわかりですか」
- **Good for you!**「よかったね！」
- **Great! / Wonderful! / Brilliant! / Marvelous! / Lovely! / Gorgeous! / Terrific! / Fantastic! / Awesome!**「すばらしい！／すごい！」
  ＊ 肯定的な反応。
- **Oh, my God!**「うわー！／なんてことだ！」
  ＊ 驚き・怒りなどを表す。

- **Oh, did you?**「（他人の発言を受けて）えっ，そうだったの？」
- **Almost!**「惜しい！／あとちょっと！／近い！」

📍 その他

- **Never mind.**「気にしないで／ドンマイ」
- **That's none of your business.**
  「あなたには関係ない／あなたの知ったことではない」
- **Take it easy.**「気楽に行こう」
- **How come ＋ S V ～?**「どうして～？」
  - ⑩ **How come** you are late**?**
    どうして遅刻するの？
    ＊How <u>does it</u> come <u>that</u> S V ～?「どうして that 以下が生じるの？」（it は形式主語，that 以下が真主語）の does it と that が省略された形なので How come の後は S V の語順になると考えればよい。
- **I bet ～**「きっと～だ」（＝ I'm sure that ～ / I'm certain that ～）
  - ⑩ I'll **bet** you'll pass.
    きっと君は合格するよ。
    ＊I think ～ や I suppose ～ よりも強い確信を表す。
- **I hope that ～**「～だといいね」
  - ⑩ **I hope that** you'll pass.
    合格するといいね。
- **I'm afraid that ～**「～と思う」
  ＊よくないことに用いる。
  - ⑩ **I'm afraid that** <u>we cannot meet your request.</u>
    ご要望にはお応えできかねます。
    ＊上の例の we cannot meet your request は相手にとってよくない情報。I'm afraid はそれを伝える際に印象を和らげる効果がある。
- **I'm serious.**「真面目だ／真剣だ／本気だ」
  ＊「ふざけていない，生半可な気持ちでない」ということを表明する表現。
  - ⑩ Be quiet! **I'm serious.**
    静かにしなさい！　本気よ。
- **Who knows?**「誰が知っているだろうか」
  ＊反語的な表現。「誰も知らない（＝ Nobody knows）」という意味になる。

- **God (only) knows!**「神のみぞ知る」
  - ＊全知全能の神しか知らないということは，人間にはわからないということ。
- **Where were we[was I]?**「どこまで話しましたか」
  - ＊話の途中で話題がそれた後，本題に戻るときに使う。現在形で Where are we[am I]? と言うと，「ここはどこですか」という意味になるので要注意。
- **Who's there?**「どなたですか」
  - ＊相手の姿が見えないときの聞き方で，「誰がいらっしゃるのですか」という意味。Who are you? は「誰？」というぶっきらぼうな感じに聞こえる場合があるのでふつう使わない。
- **make it**「(時間に) 間に合う／到着する」
  - 例 She just **made it** to the airport.
    彼女はギリギリ空港に間に合った。
- **watch** *one's* **tongue[language / mouth]**「口の利き方に気をつける」
  - 例 You should **watch your tongue**.
    君は口の利き方に気をつけるべきだ。
- **have a sharp tongue**「口が悪い／言葉がきつい」
  - 例 You often **have a sharp tongue**, don't you?
    君は口が悪いことが多いね。
- **help** *oneself* **(to ～)**「(飲み物や食べ物を) 自由に自分で取って食べる」
  - 例 Please **help yourself to** the cake.
    どうぞ自由にケーキをお召し上がりください。

音読・ディクテーショントレーニング

問題の放送文で，音読の練習をしてみよう。（→ 詳しくはp.15）

1 音声を聞く 🎧

▶ 英文の意味を考えながら，音声を何度も繰り返し聞こう。

2 音読する 👄

▶ トレーニング用音声を聞きながら，同時に音読してみよう（オーバーラッピング）。音声を聞いた後，抑揚やリズムをまねて繰り返し音読していく方法もある（リピーティング）。

3 書き取る ✍

▶ 2 までのトレーニングでもよいが，余裕のある人は，スクリプトを見ないでトレーニング用音声を聞き，英文を下線部に書き取る練習（ディクテーション）をしてみよう。書き取った後で，すぐ上の英文を使って答え合わせをしてみよう。

第1問 A

例 題

問1　和訳 ▶ p.19 　　　　　　　　　　🔊 19

I'd like to wear a red tie to work, but I only have blue ones.

問2　和訳 ▶ p.20 　　　　　　　　　　🔊 20

I won't give David any more ice cream today. I gave him some after lunch.

問 1 　和訳▶ p.24 　　　　　　　　　　　　　　　◀€21

The weather is nice today so I'll walk to work instead of taking the bus.

問 2 　和訳▶ p.25 　　　　　　　　　　　　　　　◀€22

Going to the beach on Sunday sounds great, but I have a test on Monday morning.

問 3 　和訳▶ p.26 　　　　　　　　　　　　　　　◀€23

Peter didn't do as well in the exam as he had hoped, but he still passed.

問 4 　和訳▶ p.27 　　　　　　　　　　　　　　　◀€24

To apply for this job, I don't have to send a photograph, but I need to write a short essay.

第 1 問 B

例 題

問 1 　和訳▶ p.36 　　　　　　　　　　　　　　　◀€25

Almost everyone at the bus stop is wearing a hat.

問 2　和訳▶ p.38

The girl's mother is painting a picture of herself.

チャレンジテスト

問 1　和訳▶ p.44

The woman is going to have her nails painted.

問 2　和訳▶ p.45

The man arrived just in time for the train.

問 3　和訳▶ p.47

The girl is not as fast as her dog.

第 2 問

例 題

問 1　和訳▶ p.56

W: Can you take the cups off the table and put the books there instead?
M: Done! Shall I close the window?
W: Umm, leave it open.
M: Yeah, we need some fresh air.

問2　和訳▶ p.59　　　　　　　　◀€31

M: Let's stay near the beach.
W: But I'd rather be near the shopping mall.
M: What about the hotel between the zoo and the mall?
W: Great, and it's across from the park.

チャレンジテスト

問1　和訳▶ p.66　　　　　　　　◀€32

M: Shall I sit here, by the door?
W: That's where our mother will sit.
M: How about here, in front of the window?
W: The opposite side is better. You can help the baby eat.

問2　和訳▶ p.68　　　　　　　　◀€33

M: Which bicycle did you choose in the end?
W: Well, I looked at some with child seats but our kids are too big now.
M: You'll mostly use it for shopping, right?

W: That's right. That's why I chose one with a basket.

問 3 和訳 ▶ p.70 ◀€34

W: This house is perfect for us. I love the second-floor balcony.

M: I agree. The garage will fit both our cars, too.

W: We'll have to put in a gate ourselves, though.

M: That's not a problem.

問 4 和訳 ▶ p.72 ◀€35

M: Did you do much sightseeing during your years abroad?

W: I was too busy working at a café.

M: Oh, I thought you were traveling and studying English.

W: I learned English on the job!

第3問

例 題

問 1　和訳▶ p.82　　　　　　　　　　　　　　◀◁ 36

M: What would you like to do after graduation?

W: Travel! But first I'm going to deliver newspapers until I save enough to go around the world. And you?

M: I want to be a famous writer someday, but right now, I need money, too. Maybe I can work for a magazine!

問 2　和訳▶ p.84　　　　　　　　　　　　　　◀◁ 37

W: You're Mike Smith, aren't you?

M: Hey, Jane Adams, right?

W: Yes! I haven't seen you for ages.

M: Wasn't it five years ago, when our class graduated?

W: Yes, almost six.

M: Well, I'm glad you recognized me. I haven't changed?

W: No, I recognized you immediately. You haven't changed your hairstyle at all.

問 3　和訳▶ p.86　　　　　　　　　　◀◁38

W: The textbook is sold out at the bookstore. Do you know where I can get one?

M: Actually, I didn't buy mine. I got it from Peter. He took the same course last year.

W: So, who else took that course?

M: Alex!

W: Yeah, but I know he gave his book to his sister.

問 1   和訳 ▶ p.90   ◀€39

W: Both the blue T-shirt and the black jeans suit you.

M: I want the jeans, but I already have so many blue T-shirts.

W: This gray sweater is nice and it matches the jeans well.

M: Wait! These long-sleeved shirts are 50% off.

W: And they have your size!

M: Perfect!

問 2   和訳 ▶ p.92   ◀€40

W: My family and I would like to visit a museum today.

M: Well, the art gallery and the history museum are great, but they may be a little boring for kids.

W: How about the toy museum?

M: The toy museum is closed today. The science museum is fun but it's quite far from here.

W: That's fine! We have a car, so distance is no problem at all.

問 3　和訳▶ p.93 41

W: How was your trip to Spain, George?

M: Well, I don't usually like resort vacations but this time was different. We rented a car and took several trips to local towns.

W: Oh, did you? It seems so busy to me. Did you have fun there?

M: I prefer experiencing culture and local food to relaxing on a beach.

W: I see. Anyway, I'm glad you had a good time.

問 4　和訳▶ p.95 42

M: That exam was really hard, wasn't it?

W: Not really, apart from the first question, it wasn't as difficult as I had expected.

M: Are you serious? I couldn't answer any of the other questions well, either.

W: Really? We practiced all the rest in class, don't you remember?

M: I guess I must have slept through those classes!

問5　和訳▶ p.97　　　　　　　　　　　　　　　　◀◦43

W: Where are you?

M: What do you mean? I'm at home getting ready to leave.

W: You're still at home? We were supposed to meet at the station at 10:30. Didn't I tell you the last time we met?

M: 10:30? I thought you said 11:30.

W: We arrive at 11:30. So, we have to catch the 10:45 train to be on time.

M: Sorry. Go ahead without me. I'll catch the first train I can.

問6　和訳▶ p.99　　　　　　　　　　　　　　　　◀◦44

M: You don't look well, Cathy. Are you OK?

W: I think I have a fever.

M: Aren't you giving a presentation at school today?

W: No. Luckily, that's tomorrow.

M: You should definitely call in sick and get some rest today.

W: You're right. Hopefully, I'll be better by tomorrow.

第4問A

例 題

問 1 ～ 4　和訳▶ p.109　◀€ 45

Here are the average summer and winter temperatures of four cities in North America: Columbus, Hopeville, Lansfield, and Rockport. The temperature of Lansfield in the summer was much higher than I expected — the highest in fact. By comparison, Rockport had a much cooler summer than Lansfield and experienced the coldest winter among the four cities. Columbus was a bit cooler than Rockport in the summer, while its winter was a few degrees warmer. Hopeville changed the least in temperature and was just a bit cooler than Lansfield in the summer.

問 5 ～ 8　和訳▶ p.110 ◀🔊46

Attention, please! There are some changes to the regular bus schedule. The A2 bus leaving for City Center is canceled. Those passengers going to City Center should now take the C10 bus to Main Street. It'll continue on to City Center after leaving Main Street, which takes 10 additional minutes. The A6 bus, which goes to City Center, is running normally. Finally, the B7 bus to Eastern Avenue will leave half an hour late. We're sorry for any inconvenience.

One hundred university students were asked this question: What are you doing in your daily life to reduce your carbon footprint or negative impact on the environment? They were asked to select what action they do the most from the following choices: "use reusable water bottles and bags," "walk, cycle, or take public transport instead of driving," "eat less animal-based protein such as beef," "shop less at cheap clothing retailers," and "other." At 28%, the most common choice was carrying a reusable bottle or bag. Exactly half that percentage of students said they try to avoid buying their clothes at big fast fashion retailers. Meanwhile, walking, cycling, etc. instead of driving, and eating less meat, were a close second and third. Other students mentioned actions such as buying shampoo and hair rinse in refill containers instead of in new bottles and not using plastic straws.

問 5 〜 8 　和訳 ▶ p.116 　◀€48

We have a variety of different types of rooms available but the prices will change depending on the day of the week you would like to stay. From Sunday to Thursday, non-smoking single rooms cost $40 per night but $60 on Fridays and Saturdays. Twin and double non-smoking rooms cost $20 more than single rooms. Also, smoking rooms cost $5 more than non-smoking rooms to cover cleaning costs. What kind of room do you require, sir?

第4問 B

① Our hotel's internship focuses on creating a new website. The work will be done in late August. Interns will help set up the website, which should take about half a month. You can stay at our hotel or come from home.

② The internship at our language school starts in early summer when the exchange program starts. Many international students visit us, so we need to help these students get around. Interns should stay at the dormitory for about ten days while assisting with the program.

③ Public library interns help with our reading programs. For example, they prepare for special events and put returned books back on the shelves. Interns must work for more than two weeks. You can join anytime during the summer, and housing is available.

④ We're a software company looking for students to help develop a smartphone application. They are required to participate in brainstorming sessions, starting on the 15th of July, and are expected to stay until the end of August. Participants should find their own place to stay.

◀50

① Hello, I'm Anna. My dream is to become an English teacher so I'd like to get experience first by doing a language exchange. I have just started learning Japanese. I can meet any day of the week.

② Hi, Benjamin here. I'd like to meet someone on weekday evenings to help me learn basic Japanese. I've been an English teacher for several years so I can help you no matter what your level may be. Let's learn together!

③ Hi, I'm Fred. I'm happy to meet after work during the week at a café or restaurant. I majored in Japanese at university and I now work as an English teacher. I'd like to meet someone to help me with business-level Japanese.

④ Hello, this is Leila. I'm a university student and I need to improve my reading and writing in Japanese. I can already communicate well but *kanji* is a problem for me. Weekends are best for me.

第5問

What is happiness? Can we be happy and promote sustainable development? Since 2012, the *World Happiness Report* has been issued by a United Nations organization to develop new approaches to economic sustainability for the sake of happiness and well-being. The reports show that Scandinavian countries are consistently ranked as the happiest societies on earth. But what makes them so happy? In Denmark, for example, leisure time is often spent with others. That kind of environment makes Danish people happy thanks to a tradition called "hygge," spelled H-Y-G-G-E. Hygge means coziness or comfort and describes the feeling of being loved.

This word became well-known worldwide in 2016 as an interpretation of mindfulness or wellness. Now, hygge is at risk of being commercialized. But hygge is not about the material things we see in popular images like candlelit rooms and cozy bedrooms with hand-knit blankets. Real hygge happens anywhere — in public or in private, indoors or outdoors, with or without candles. The main point of hygge is to live a life connected with loved ones while making ordinary essential tasks meaningful and joyful.

Perhaps Danish people are better at appreciating the small, "hygge" things in life because they have no worries about basic necessities. Danish people willingly pay from 30 to 50 percent of their income in tax. These high taxes pay for a good welfare system that provides free healthcare and education. Once basic needs are met, more money doesn't guarantee more happiness. While money and material goods seem to be highly valued in some countries like the US, people in Denmark place more value on socializing. Nevertheless, Denmark has above-average productivity according to the OECD.

_____

_____

_____

_____

_____

_____

_____

_____

_____

_____

_____

_____

_____

_____

_____

_____

_____

_____

_____

_____

_____

_____

_____

問6　和訳▶ p.147　　　　　　　◀€52

Student A: Danish people accept high taxes which provide basic needs.

Student B: Danish people value spending time with friends more than pursuing money.

問 7 和訳▶ p.148 ◀€53

Joe: Look at this graph, May. People in Denmark value private life over work. How can they be so productive?
May: Well, based on my research, studies show that working too much overtime leads to lower productivity.
Joe: So, working too long isn't efficient. That's interesting.

チャレンジテスト

問 1 ～ 5 和訳▶ p.157 ◀€54

Many countries around the world are suffering from rural depopulation and America is no exception. Rural depopulation means that the population in parts of the countryside is declining while the population in large towns and cities is increasing. In the US, around 35% of all rural counties are depopulating. In 1950, 9.3 million people lived in these rural counties but the population has declined by 3.1 million since then.

Rural areas can be divided into two categories. First, there are remote rural populations that are far from large towns or cities. These areas generally see the most drastic depopulation as young people migrate to metropolitan areas in search of employment. This "out-migration" is mostly caused by the modernization of agriculture and industry. Fewer people are needed to work on farms these days, so young people need to search for work in cities. This leaves an elderly population in remote rural areas.

Second, there are rural areas that are close to cities. These rural areas are actually seeing the opposite trend. Although young people from these areas still tend to move to the cities, older people are migrating into these rural areas from cities to enjoy a healthier living environment. Rural areas close to cities tend to have better facilities and are popular with people looking to retire surrounded by nature. Metropolitan areas are the only areas seeing younger people migrating in and older people migrating out.

These trends are unlikely to change soon. In fact, some remote rural populations are likely to disappear completely in the future.

問 6　和訳▶ p.160　　　　　　　　　　　◀€55

Student A: Some metropolitan areas suffer from out-migration of younger people.
Student B: Rural areas far from metropolitan areas see the most depopulation.

問 7　和訳▶ p.160　　　　　　　　　　　◀€56

Bill: Look at this graph, Sue. It shows the relationship between human population and biodiversity. Biodiversity means the number of different species of plants and animals living in a certain area.
Sue: I see that rural depopulation has an interesting effect on the environment.
Bill: Yes, it looks like biodiversity does not necessarily increase as the human population decreases.

第6問A

Jane: Are you all right, Sho? What's wrong?

Sho: Hey, Jane. It turns out a native French-speaking host family was not available ... for my study abroad program in France.

Jane: So you chose a host family instead of the dormitory, huh?

Sho: Not yet. I was hoping for a native French-speaking family.

Jane: Why?

Sho: Well, I wanted to experience real spoken French.

Jane: Sho, there are many varieties of French.

Sho: I guess. But with a native French-speaking host family, I thought I could experience real language and real French culture.

Jane: What's "real," anyway? France is diverse. Staying with a multilingual family could give you a genuine feel of what France actually is.

Sho: Hmm. You're right. But I still have the option of having a native speaker as a roommate.

Jane: In the dormitory? That might work. But I heard one student got a roommate who was a native French speaker, and they never talked.

Sho: Oh, no.

Jane: Yes, and another student got a non-native French-speaking roommate who was really friendly.

Sho: Maybe it doesn't matter if my roommate is a native speaker or not.

Jane: The same applies to a host family.

George: It's music class after lunch, isn't it? What a waste of time!

Naomi: What's your problem? It's a break from boring subjects like math.

George: It's fun for some students, I guess. But I don't need it in my future career.

Naomi: That's not the point. There are lots of things at school we won't use at work, but that doesn't mean we shouldn't study them.

George: But we can do that in our free time. School should be for learning important things like science or math.

Naomi: Of course, those things are important but music is good for us, too. Music can develop our creativity, and we can learn to cooperate with others in a music class.

George: There are better ways to learn creativity and cooperation.

Naomi: Maybe. I just think you should try to relax and enjoy it.

George: It's easy for you to say — you can play the violin and the piano!

Naomi: Right. You know, I feel the same way about P.E.

George: Exactly. Students may love or hate different subjects. So, not all students should have to take music class.

Naomi: OK. Then, I'll choose music class.

George: We should all take science and math, though!

例 題

問1 〜 2　和訳▶ p.191　◀◦59

Yasuko:　Hey, Kate! You dropped your receipt. Here.

Kate:　Thanks, Yasuko. It's so huge for a bag of chips. What a waste of paper!

Luke:　Yeah, but look at all the discount coupons. You can use them next time you're in the store, Kate.

Kate:　Seriously, Luke? Do you actually use those? It's so wasteful. Also, receipts might contain harmful chemicals, right Michael?

Michael: Yeah, and that could mean they aren't recyclable.

Kate:　See? We should prohibit paper receipts.

Yasuko:　I recently heard one city in the US might ban paper receipts by 2022.

Luke:　Really, Yasuko? But how would that work? I need paper receipts as proof of purchase.

Michael: Right. I agree. What if I want to return something for a refund?

Yasuko:　If this becomes law, Michael, shops will issue digital receipts via email instead of paper ones.

Kate:　Great.

Michael: Really? Are you OK with giving your private email address to strangers?

Kate:　Well ... yes.

Luke:　Anyway, paper receipts are safer, and more people would rather have them.

Yasuko:　I don't know what to think, Luke. You could request a paper receipt, I guess.

Kate:　No way! There should be NO paper option.

Michael: Luke's right. I still prefer paper receipts.

Tina: So, the bill comes out to $55.45 for the four of us.

Melissa: OK, Tina. I make it a point not to carry cash. Can I pay the bill and you guys pay me what you owe?

Yuma: I don't have any cash on me, either. Do you use one of those cash apps, Melissa? I can send you the money.

Melissa: Yeah, that works. Kyle, Tina, what about you guys?

Kyle: I can't believe that both of you don't carry cash. I always try to have at least a few dollars in my pocket. How about you, Tina?

Tina: I've never tried any of those cash apps. How do they work?

Yuma: You download the app and connect it to your bank account.

Kyle: Is that safe, Yuma? Seems like there are security issues with connecting your money to an app.

Melissa: That might be true, Kyle, but someone could also rob you if you're walking around with a bunch of money.

Yuma: I agree with you, Melissa. And now it's easy for me to pay you or you to pay me even if we don't have cash.

Melissa: And even if you lose your phone, no one can use the app without your permission.

Yuma: I also like how apps make it easy to track your spending and how much you owe, or someone owes you.

Tina: That sounds great. I always have a problem remembering how much money I spend and where. Yuma, what app are you using? Could you show me later?

Yuma: Sure, I'll send you the link, Tina.

Kyle: I'm still not sure. I think I'd have trouble saving money if it's not actual paper.

Yuma: Maybe so, but the world is increasingly going digital, Kyle. I heard Sweden is ending cash in just a few years.

Kyle: I guess, but in my mind, cash is still king for a while longer.